中国式创新

新型创新企业的商业模式

[荷] 马克·格瑞文　[美] 叶恩华　韦薇 / 著

法意　王加骥 / 译

中信出版集团 | 北京

图书在版编目（CIP）数据

中国式创新：新型创新企业的商业模式 / (荷) 马克·格瑞文, (美) 叶恩华, 韦薇著 ; 法意, 王加骥译
. -- 北京：中信出版社, 2021.1
　（中国道路丛书）
　书名原文: Pioneers,Hidden Champions,
Changemakers,and Underdogs:Lessons from China's
Innovators
　ISBN 978-7-5217-2412-7

　Ⅰ. ①中… Ⅱ. ①马… ②叶… ③韦… ④法… ⑤王
… Ⅲ. ①企业创新—商业模式—研究—中国 Ⅳ.
①F279.23

中国版本图书馆CIP数据核字(2020)第214234号

中国式创新——新型创新企业的商业模式

著　　者：［荷］马克·格瑞文　［美］叶恩华　韦薇
译　　者：法意　王加骥
出版发行：中信出版集团股份有限公司
　　　　　（北京市朝阳区惠新东街甲4号富盛大厦2座　邮编　100029）
承 印 者：天津市仁浩印刷有限公司

开　　本：787mm×1092mm　1/16　　印　张：15.25　　字　数：180千字
版　　次：2021年1月第1版　　　　　印　次：2021年1月第1次印刷
京权图字：01-2020-1153
书　　号：ISBN 978-7-5217-2412-7
定　　价：56.00元

马克·格瑞文将此书献给艾琳·格瑞文·德·格鲁伊尔和哈利·格瑞文。

叶恩华将此书献给卢卡斯·叶和艾莉·叶。

韦薇将此书献给陈敬敏。

"中国道路"丛书学术委员会

"中国道路"丛书总序言

中华人民共和国成立 60 多年以来，中国一直在探索自己的发展道路，特别是在改革开放 30 多年的实践中，努力寻求既发挥市场活力，又充分发挥社会主义优势的发展道路。

改革开放推动了中国的崛起。怎样将中国的发展经验进行系统梳理，构建中国特色的社会主义发展理论体系，让世界理解中国的发展模式？怎样正确总结改革与转型中的经验和教训？怎样正确判断和应对当代世界的诸多问题和未来的挑战，实现中华民族的伟大复兴？这都是对中国理论界的重大挑战。

为此，我们关注并支持有关中国发展道路的学术中一些有价值的前瞻性研究，并邀集各领域的专家学者，深入研究中国发展与改革中的重大问题。我们将组织编辑和出版反映与中国道路研究有关的成果，用中国理论阐释中国实践的系列丛书。

"中国道路"丛书的定位是：致力于推动中国特色社会主义道路、制度、模式的研究和理论创新，以此凝聚社会共识，弘扬社会主义核心价值观，促进立足中国实践、通达历史与现实、具有全球视野的中国学派的形成；鼓励和支持跨学科的研究和交流，加大对中国学者原创性理论的推动和传播。

"中国道路"丛书的宗旨是：坚持实事求是，践行中国道路，发展中国学派。

始终如一地坚持实事求是的认识论和方法论。总结中国经验、探讨中国模式，应注重从中国现实而不是从教条出发。正确认识中国的国情，正确认识中国的发展方向，都离不开实事求是的认识论和方法论。一切从实际出发，以实践作为检验真理的标准，通过实践推动认识的发展，这是中国共产党的世纪奋斗历程中反复证明了的正确认识路线。违背它就会受挫失败，遵循它就能攻坚克难。

毛泽东、邓小平是中国道路的探索者和中国学派的开创者，他们的理论创新始终立足于中国的实际，同时因应世界的变化。理论是行动的指南，他们从来不生搬硬套经典理论，而是在中国建设和改革的实践中丰富和发展社会主义理论。我们要继承和发扬这种精神，摒弃无所作为的思想，拒绝照抄照搬的教条主义，只有实践才是真知的源头。"中国道路"丛书将更加注重理论的实践性品格，体现理论与实际紧密结合的鲜明特点。

坚定不移地践行中国道路，也就是在中国共产党领导下的中国特色社会主义道路。我们在经济高速增长的同时，也遇到了来自各方面的理论挑战，例如将改革开放前后两个历史时期彼此割裂和截然对立的评价；例如极力推行西方所谓"普世价值"和新自由主义经济理论等错误思潮。道路问题是大是大非问题，我们的改革目标和道路是高度一致的，因而，要始终坚持正确的改革方向。历史和现实都告诉我们，只有社会主义才能救中国，只有社会主义才能发展中国。在百年兴衰、大国博弈的历史背景下，中国从积贫积弱的状态中奋然崛起，成为世界上举足轻重的大国，成就斐然，道路独特。既不走封闭僵化的老路，也不走改旗易帜的邪路，一定要走中国特色的社会主义正路，这是我们唯一正确的选择。

推动社会科学各领域中国学派的建立，应该成为致力于中国道路探讨的有识之士的宏大追求。正确认识历史，正确认识现实，积极促进中国学者原创性理论的研究，那些对西方理论和价值观原教旨式的顶礼膜拜的学风，应当受到鄙夷。古今中外的所有优秀文明成果，我们都应该兼收并蓄，但绝不可泥古不化、泥洋不化，而要在中国道路的实践中融会贯通。以实践创新推动理论创新，以理论创新引导实践创新，从内容到形式，从理论架构到话语体系，一以贯之地奉行这种学术新风。我们相信，通过艰苦探索、努力创新得来的丰硕成果，将会在世界话语体系的竞争中造就立足本土的中国学派。

"中国道路"丛书具有跨学科及综合性强的特点，内容覆盖面较宽，开放性、系统性、包容性较强。其分为学术、智库、纪实专访、实务、译丛等类型，每种类型又涵盖不同类别，例如在学术类中就涵盖文学、历史学、哲学、经济学、政治学、社会学、法学、战略学、传播学等领域。

这是一项需要进行长期努力的理论基础建设工作，这又是一项极其艰巨的系统工程。基础理论建设严重滞后，学术界理论创新观念不足等现状是制约因素之一。然而，当下中国的舆论场，存在思想乱象、理论乱象、舆论乱象，流行着种种不利于社会主义现代化事业和安定团结的错误思潮，迫切需要正面发声。

经过 60 多年的社会主义道路奠基和 30 多年的改革开放，我们积累了丰富的实践经验，迫切需要形成中国本土的理论创新和中国话语体系创新，这是树立道路自信、理论自信、制度自信、文化自信，在国际上争取话语权所必须面对的挑战。我们将与了解中国国情，认同中国改革开放发展道路，有担当精神的中国学派，共同推动这项富有战略意义的出版工程。

中信集团在中国改革开放和现代化建设中曾经发挥了独特的作用，它不仅勇于承担大型国有企业经济责任和社会责任，同时也勇于承担政治责任。它不仅是改革开放的先行者，同时也是中国道路的践行者。中信将以历史担当的使命感，来持续推动中国道路出版工程。

2014 年 8 月，中信集团成立了中信改革发展研究基金会，构建平台，凝聚力量，致力于推动中国改革发展问题的研究，并携手中信出版社共同进行"中国道路"丛书的顶层设计。

"中国道路"丛书的学术委员会和编辑委员会，由多学科多领域的专家组成。我们将进行长期的、系统性的工作，努力使"中国道路"丛书成为中国理论创新的孵化器，中国学派的探讨与交流平台，研究问题、建言献策的智库，传播思想、凝聚人心的讲坛。

孔丹

2015年10月25日

目　录

第一章
引言：中国的新兴创新企业

科技独角兽、数字化颠覆者以及知名企业家全部来自硅谷的时代早已远去。新一代的中国企业家正迅速登上舞台。这包括那些留学归国后建立了大量高科技企业的精英企业家，也包括那些颠覆了传统行业的数字原生代——他们不遗余力地追求快速扩张，激情澎湃，无所畏惧。此外，数百个来自中国的全球市场领军者似乎被广大公众忽视。而本书正是要讲述这些中国创新企业的崛起。

这本书讲了什么

这本书讲述了谁是中国的创新企业，以及它们是如何创新的。尽管商业评论员和学术研究者已经盛赞过诸如海尔、华为等公司的创新，但仍有更多值得讲述的。数百家隐形冠军①，已经在各个行业领域占据了全球领导地位，另外细分领域还有大量的中国创新企业并不为人所知，它们的创新力量亦不容小觑。此外，中国新生代创变者，正以无边界的颠覆性思维，改变着传统行业的游戏规则。我们无法想象成千上万个不为人知的科技企业、全球隐形冠军以及年轻的创变者将会取得怎样的成就。这本书讲述的就是中国的创新企业——不仅包括全球知名的中国大型企业，还包括隐形冠军、黑马企业以及新生代创变者。

在本书中，我们将从聚焦战略层面的角度关注管理学问题，探索中国的创新企业为中国及全球市场带来的机遇和挑战。深入理解中国的创新企业，将为国内外的大小企业带来难得的机会。我们生活在一个动荡不安、高度竞争、充满不确定性的时代，这在很多企业看来是亟待应对的新的挑战。但中国的创新企业对此却早习以为常，不以为意。事实证明，这些公司有充分的经验和能力，去应对乃至拥抱在技术、市场和监管领域四处丛生的不确定性，并在此过程中不断提高它们自身的竞争地位。

本书围绕中国创新的"动因（why）""主体（who）""内容（what）""方式（how）""未来（what's next）"等问题展开讨论。关于中国创新的动因问题需要回答的是：是什么让创新在中国成为一种长期需求。第一章的余下部分将讲述创新背后的驱动力，包括政府激励、劳动力成本增加、竞争加剧以及有较大需求的中产阶层的崛起。我们简要回顾了促进和抑制中国创新的关键条件，如制造能力、风险投资、标准化、

---

① 赫尔曼·西蒙（Hermann Simon）首先使用"hidden champions"这个名词来描述那些已经取得很大成就，但并不引人注目的中小企业。

知识产权管理和保护、创新孤岛（innovation islands）等要素。

在第二章至第五章中，为了寻找中国创新主体的答案，我们没有像传统商学院那样只关注大型成功企业，这些企业通常是国内市场的领军者，也是全球性公司。我们也没有只着眼于经济学家所说的"小企业"，这个术语通常是指那些由家庭经营的小生意发展而来的中小企业，它们在任何经济体中都是重要组成部分。本书也不只关注初创企业或天生全球化企业（此处是指那些从一开始就使用多国资源，并把产品销往多国的公司）。这本书的目的是定义和评估所有类型的创新企业，不论其规模大小或知名度高低。

基于我们长达 10 年的深入研究和既有的关于创新的文献，我们将"创新企业"定义为成功研发并实现产品商业化，给客户带来新价值的公司。新产品可能包括新的商品和服务、新的业务流程、新的商业模式、新的价值链组织方式或新的组织制度安排。关键在于创新给客户（不论他们是现有客户还是新客户，也不论他们是消费者、企业还是政府客户）带来了新的价值，不论这个创新是在何种范围内的"新"——也许它是全球范围的全新事物，抑或仅在某个特定产业或国家、地区是新的事物。

根据大众市场和利基市场^①两个维度，我们将中国的创新企业分为先锋企业（pioneer）、隐形冠军（hidden champion）、黑马企业（underdog）和创变者（changemaker）四个类型（见表 1.1）。我们区分了在位企业和新晋企业、大众市场和利基市场。

---

① 利基市场，又称缝隙市场、壁龛市场、针尖市场，是指企业选定一个很小的产品或服务领域，集中力量进入并成为领先者，从当地市场到全国再到全球，同时建立各种壁垒，逐渐形成持久的竞争优势。——译者注

表 1.1　中国创新企业结构图

	大众市场	利基市场
在位企业	先锋企业	隐形冠军
新晋企业	创变者	黑马企业

第一种类型（见第二章），先锋企业，是其产业领域中的创新领导者，年收入超过 100 亿美元，在大众市场占据全国前三的市场份额，并具有全球知名度。我们区分了制造业冠军（如海尔、华为、联想和三一集团）和互联网先锋（如阿里巴巴、百度、腾讯和小米）。

第二种类型（见第三章），隐形冠军，是指规模中等但居于创新领导地位的企业，年收入低于 50 亿美元，在利基行业享有全国前三的市场份额且公众知名度较低。我们讨论的是作为各自市场中领军者的隐形冠军，诸如金风科技、海康威视、迈瑞医疗等。

第三种类型（见第四章），黑马企业，通常成立于 2000 年以后，是由技术驱动、拥有重要知识产权但并不知名的科技企业。我们关注诸如生物技术、柔性显示屏、新材料和新能源等科技密集型产业中的黑马企业。

第四种类型（见第五章），创变者，通常是成立于 2007 年以后的数字科技企业，以拥有跨行业创新能力以及数字化颠覆能力为特征。我们讨论的创变者包括滴滴出行、饿了么、摩拜、今日头条等企业，它们中有很多在近 5 年内就已成长为超级独角兽公司。

在第二章到第五章中，我们使用了一个创新比较评估模型。我们首先评估中国企业创新的类型，从产品创新、流程创新，到组织创新，以及商业模式创新。其次，我们研究了它们所采取的竞争战略类型。

最后，我们确定了中国创新企业的关键创新驱动力，包括效率、客户、技术及科学发现等。本书介绍了各种创新类型，这些创新不只是对流程和效率的改良，更是对产业和消费市场产生了改进、支撑和颠覆作用。

第六章探讨了中国创新企业如何创新。我们通过归纳研究发现，中国公司的创新有 6 种典型方式。尽管批评者可能会声称，这些方法中的任何一种都不是中国独有的，但它们的结合却形成了独特的中国创新模式。我们的研究发现，不论公司的规模、经验或所处行业如何，中国创新企业都在运用这些创新方式。我们的研究也挑战了"发展中经济体的公司只能缓慢追赶"的说法。中产阶层和企业家阶层的兴起，带来了意想不到的创新加速。[1] 我们的研究结果表明，跨国公司以及其他渴望创新的公司，可以从中国创新中学到很多东西。

最后，第七章和第八章主要聚焦未来以及接下来可能发生的事情。在第七章中，我们讨论了中国创新企业走向全球的方式，包括销售和市场的全球化、研发全球化、构建创新网络、在国外扩展数字生态系统以及输出颠覆性商业模式。我们还讨论了成长为全球创新企业所要面临的挑战，并用百度、德马科技、远景能源、海康威视、华为、摩拜和惟华光能等多个案例进行说明。

本书的第八章总结了上述四种创新企业，讨论了它们对跨国企业的重要启示，并提出了今后研究的方向。我们探讨了中国创新模式在其他发达市场和新兴市场的适用性，得出的主要论点是，中国的创新企业，包括备受关注的冠军企业，而且还包括未被关注的隐形冠军和黑马企业，以及那些年轻的创变者，它们的创新并不局限于流程和效率，还对市场产生了改进、支撑和颠覆作用。

我们探讨的重点是中国创新企业及其迅速发展的创新与竞争能力。

尽管我们在第一章中概述了中国创新企业的驱动力和条件，但我们主要将这些条件视为商业事实。我们重点关注的是在现有经济和政治制度下，中国的创新企业是如何运作的。我们确定并评估了中国创新企业面临的挑战，但更多聚焦于中国企业中谁成功实现创新、实现了什么创新以及它们是如何成功创新的。尽管这还涉及处理与政府的关系，以及中国宏观的政治和经济背景，但本书的重点是战略和管理，而非经济和政治因素。

对于学术读者，我们推荐乐文睿、马丁·肯尼和约翰·穆尔曼最近出版的《中国创新的挑战：跨越中等收入陷阱》，周宇、威廉·拉让尼克（William Lazonick）、孙一飞的《作为创新型国家的中国》，以及充分彰显傅晓岚卓越学术视野的《中国创新之路》，这本书讲述了中国向创新型国家转型的挑战和成就。[2]

对于那些关注在中国出现的全球创新者的读者，我们推荐乔治·豪尔和马克斯·冯·泽德维茨的《从中国制造到中国创造——中国如何成为全球创新者》。[3]

对中国技术发展创新的宏观经济和政治经济学感兴趣的读者，我们推荐道格拉斯·富勒创作的《纸老虎，隐藏的龙》，以及丹·布莱兹尼茨和迈克尔·默夫里创作的《红皇后的奔跑：政府、创新、全球化和中国经济增长》，他们在书中对这一主题进行了重要论述。[4]

更倾向于从战略视角出发的是叶恩华和布鲁斯·马科恩合著的《创新驱动中国：中国经济转型升级的新引擎》，还有曾明与彼得·威廉森的《龙行天下：中国制造未来十年新格局》。[5]热销书籍包括雷小山的《山寨中国的终结：创造力、创新力与个人主义在亚洲的崛起》和陈映兰的《创新的国度：看当代中国创新者如何改变世界》。[6]

近几年来，中国关于创新的出版物数量急剧增长。快速检索一下商业领域的顶级学术期刊就可以发现，过去 5 年内已经发表了百余篇文章。在《经济学人》《金融时报》《纽约时报》和其他期刊上刊登的商业类文章也是数量众多。通过关注大量不为人知或相对隐匿的创新公司，我们为长期以来争论不休的中国创新可持续性问题做出了贡献。我们认为，在目前关于中国创新可持续性的辩论中，多数人都忽略了来自中国的大量新兴创新企业。

对于大学教师来说，已经有公开发表的教学案例关注了阿里巴巴、百度、滴滴出行、饿了么、金风科技、海尔、华为、三一集团、腾讯和小米。研究阿里巴巴、百度、海尔、华为、腾讯和小米的许多书籍也已出版。最近一项关于商业生态系统的比较案例研究，出现在马克·格瑞文和韦薇撰写的《中国的商业生态系统：阿里巴巴及百度、腾讯、小米和乐视》一书中。[7] 但是，还没有教学案例或已出版的书籍对本书讨论的大多数公司进行过研究，比如易能微电子、吉凯基因、海利得、大族激光、巨哥电子、瑞普生物、先临三维、宥纳科技、惟华光能和纵目科技等。本书为讲授创新理论、国际贸易和战略管理的大学教师提供了丰富的材料和讨论视角。

第一，本书不只关注少数大型企业，而且对中国的创新企业——先锋企业、隐形冠军、黑马企业和创变者，进行了独特而全面的描述。我们讨论的公司中至少有三类是其他研究常常忽视的。

第二，我们分析了中国背景下的创新多样性，并得出结论：中国的创新并不局限于流程、成本和效率，还对竞争产生了持续的颠覆性影响。

第三，我们不仅着眼于创新的结果、创新的类型，我们亦专注于创新过程本身。在深入研究的基础上，我们提出了中国式创新，包含中国企业创新的 6 种方式。全书贯穿着丰富的图表和详尽的描述，让读者可以更深入地了解中国企业的创新能力。

第四，我们从战略的视角来审视中国的创新，并记录了它对中国以及全球企业产生的竞争性影响。虽然关于先锋企业的知识是现成的，但是我们主要从比较的视角来提出自己的见解。对于那些活跃在中国市场或寻求向中国市场进一步扩张的跨国企业而言，大量的隐形冠军和黑马企业将会对其产生巨大的竞争性影响。对创变者的深入了解，则可能有助于其从现有或新兴产业的隐蔽角落里发现意想不到的机遇。

第五，我们通过提供大量关于中国创新企业的线索，为饱受争议的中国创新可持续性问题做出了贡献。迄今为止，这些创新企业在很大程度上被忽视了。此外，这些创新企业所遵循的创新方法表明，它们有能力在高度不确定的商业环境中茁壮成长。我们认为，拥有数量如此庞大的创新企业，中国创新的长期可持续性能够得到保障。

第六，尽管大多数关于中国创新的出版物都只关注几个冠军企业，但我们的书中有超过 40 个案例以及更多的例证。这种包括先锋企业、隐形冠军、黑马企业和创变者的比较案例的视角，对企业管理者、专家、学生和创新领域的学者来说都很有价值。虽然本书主要是为商业读者而非学术读者准备的，但还是希望我们对中国创新企业进行的长达 10 年的深入研究，能够成为研究人员研究假设和学术灵感的来源。

中国创新企业的崛起：不再模仿

中国企业有能力进行创新吗？[8] 许多人认为中国企业是模仿者，之所以成功是因为得到了政府的大力保护。2015 年初，《哈佛商业评论》

发表了一篇题为《为什么中国不能创新》的文章，认为中国的创新源于模仿。[9] 另一方面，有些认为中国可以创新，甚至可以进行颠覆性创新。《财富》杂志 2017 年 12 月刊重点介绍了中国的创新者；《时代周刊》2018 年 2 月刊的封面是百度创始人李彦宏；《连线》杂志 2015 年 3 月刊宣称 "是时候模仿中国了"；《经济学人》2018 年 2 月刊指出，"硅谷可能不再拥有全球性竞争优势"。叶恩华和布鲁斯·马科恩的著作《创新驱动中国：中国经济转型升级的新引擎》总结了这场辩论的关键论点。[10] 在本书中，我们通过列举曾被排除在讨论范围之外的中国创新企业群体，并着重介绍它们创新的独特方式，为中国企业创新写下了新的注脚。实际上，这些企业已经在将创新全球化，而不仅仅是将投资和出口全球化。接下来，我们将讨论创新企业在中国的发展和崛起。

中国的经济增长、市场扩张和日益增长的消费者收入等因素是创新的显著驱动力，竞争促使中国企业加速创新。[11] 在不到 40 年的时间里，中国从模仿者转变为创新者，这一转变与中国私营企业的发展密切相关。

过去，中国的私营企业家曾被视为 "不受欢迎的资本主义" 的标志。1978 年到 1992 年，在改革开放的早期阶段，作为补充的私营经济还不具备完全的合法地位。宗庆后的娃哈哈、柳传志的联想成立了，后来它们逐渐从集体企业转型为私营企业。这一时期，中国也在发展制造能力，许多原始设备制造商（OEMs），也称代工生产商，如浙江鲁冠球的万向集团，以及许多机械零部件和电子产品工业制造商都面临着巨大的成本压力。它们第一次的创新尝试与其说是模仿，不如说是渐进式创新，其重点在于成本驱动：不仅仅雇用大量廉价劳动力，更是在生产过程的各个环节进行微创新以降低成本。

1992 年，邓小平在深圳的著名讲话认可了私营企业的法律地位。从

1992 年到 2000 年，曾在政府部门、科研院所工作的专业人员（如万通集团的冯仑和泰康人寿保险的陈东升）看到了发展私营企业的机遇。随着私营企业得到公众认可，第一代企业之间的竞争也越来越激烈。为了降低成本，公司开始提高技术能力。海尔、华为等企业开始研发生产新产品。它们的创新大多由市场驱动，并将创新投入到不断壮大的市场中，这提高了它们与外资企业竞争的能力。

自 2000 年以来，中国大力支持并促进私营企业的发展，并在绝大部分行业赋予了私营企业与国有企业同等的市场地位，使私营企业获得了成长壮大的空间。大约在同一时期，互联网技术开始推动中国的创新。[12] 20 世纪 90 年代末，随着互联网的日益兴盛，阿里巴巴、百度和腾讯等公司以西方互联网企业为标杆，开始逐步进行数字化颠覆性创新。今天，它们正在颠覆各种非技术驱动型的传统产业，并引领全球电子商务和金融科技创新。经济的快速增长和竞争加剧迫使企业不断创新产品和技术。在这一阶段，在位企业开始投入大量资源进行研发以获得新的知识产权。与此同时，海外归国人员、受过良好教育的创业者，以及不断增长的风险投资，推动了 2000 年后以商业化知识驱动型创新为目标的新型科技企业的蓬勃发展。

最近，一群年轻的创业者正在推动跨行业创新，他们是真正的创变者。[13] 这些新生代企业家的思维与海尔的张瑞敏、联想的柳传志等第一代企业家不同。他们以数字化的视角，去重新审视和思考各种传统产业的产业链。传统产业的复杂性和日积月累的各种历史包袱并没有让他们畏缩。此外，这些年轻的企业家不仅具备数字化的视角与思维，还展现出了强大的公众形象塑造和营销能力。不同于任正非、鲁冠球、宗庆后等以谦虚和低调著称的老一辈企业家，这些年轻企业家并不顾忌成为聚光灯下的焦点。

近些年，随着中国对外投资的显著增加，创新的全球化步伐也在不断加速。海尔和华为等公司已经在海外建立了研发中心，以便同国外的研究机构和研究人才建立联系——不仅为了获取市场与资源，更是为了获取新的知识和技术。德马科技、远景能源和惟华光能等技术企业，则正在海外建立创新基地或技术前哨站。不单是阿里巴巴、百度和腾讯这样的数字巨头多年来一直致力于将自己的数字生态系统全球化，滴滴出行和摩拜这样的新生代的数字创变者也在向海外输出其颠覆性的商业模式。对于中国和世界而言，一个中国创新的时代已经到来。

中国的创新生态系统

创新是否持久取决于两个方面：一是对创新的需求，二是创新的能力和条件。中国政府总体上是大力支持创新的。例如，中国政府出台的一项重要战略规划"中国制造2025"，其重点是使中国成为智能制造的全球领导者。强大的制造业基础、充足的资本、强大的企业家力量、巨量的国内市场以及一直以来对科学和工程学科的重视，使得中国可以很好地实现这一目标。中国企业尤其在推动物联网、大数据和云等信息技术的转型升级中扮演着重要角色，而中国新一代的独角兽企业甚至吸引了不少来自硅谷的投资者和企业家。但是，企业作为创新的载体，是否具备对创新的内生需求和紧迫感？即使它们具备了创新的动力，中国目前的创新条件是否足够好？接下来，我们将提供关于中国具备可持续的创新驱动力和创新条件的证据。换句话说，我们认为，中国的创新生态系统毫无疑问将为中国的创新发展提供长期且肥沃的土壤。

对创新的需求

中国有两个独特的特点，不仅体现在创新生态系统之中，也体现在这个国家的大部分领域。第一，中国的大多数事情瞬息万变，且最近几十年都在往积极的方向发展。第二，中国在地理、经济和制度建设上具有很强的地区差异性。不同地区的发展速度受到了地理因素（例如与沿海地区或中央政府的距离）、省级和其他各级地方政府推行改革的速度、地方政府官员的个人风格等影响。中央政府有一项不成文的政策，即默许地方政府开展法律未明确的改革和其他试验性活动。如果成功，这些改革措施随后就会合法化。

快速变化以及地区差异性这两个特征带来了两方面的影响。第一，快速变化的中国促使企业开发新产品，改进流程，并探索新的商业模式和服务。中国的变化源于许多方面，包括政府法规、消费者行为、竞争和技术。这些持续的变化要求公司适应并紧跟监管动态。根据全球创业观察发布的数据，企业家对中国内部市场动态的评价总体上比全球和亚洲地区平均水平高 40%。[14] 快速变化推动了中国企业的创新，这种局面在短期内不太可能改变。

第二，中国的地区差异性也产生了相似的影响，尽管这种影响是在地理空间的维度上而非时间的维度上。从地区总产值以及收入水平可以看出，与一线城市的消费者相比，三、四线城市的消费者在需求和行为上存在结构性差异。此外，根据世界银行 2017 年发布的中国营商环境数据，[15] 中国不同城市之间的投资和监管环境也有明显差异。在不同地区开展业务需要向当地客户提供不同的产品、服务或解决方案，还需要开发不同的商业模式。也就是说，跨省经营的企业需要创新精神，必须针对不同地区的特点进行创新。地区的差异性推动了创新。

中国的快速变化、地区的差异性，加上政府的鼓励、劳动力成本的上升、日益激烈的竞争，以及不断壮大的中产阶层，都使中国企业产生了强烈的创新紧迫感。

创新的条件

创新的条件应当包括各种创新的投入要素：资本、知识、人力资源、组织架构等用于实施创新和商业化创新的要素，以及用于联结并管理创新中的利益相关者的治理机制。在本节中，我们讨论以下关键条件：

- 培养科学、技术、工程和数学（STEM）[①]专业毕业生的教育体制；
- 政府对研究和创新的支持；
- 知识产权保护；
- 大量有创新精神的创业公司；
- 创业公司的融资机制，特别是风险投资。

教育："中国 +"方式

在教育方面，中国依靠的是国内大学的毕业生和在发达国家接受过教育培训的海外归国毕业生，我们称之为一种"中国 +"的方式。中国是世界上 STEM 课程在大学课程中占比最高的国家之一，也是 STEM 学科本科、硕士、博士毕业生最多的国家（仅 2017 年全国就招收了

---

① 为方便表达，后文统一用 STEM 代指。——译者注

300 万名 STEM 学生）。[16] 众所周知的是，除了中国排名前列的数十所精英大学的毕业生外，国内其他学校毕业生的质量可能比不上发达国家的大学毕业生。但是，中国也吸引了大量留学海外的学子归国工作，可以说比其他任何国家都多。自 1978 年以来，中国已有 400 万学生出国留学，280 万学生已毕业，其中 80% 的海外毕业生（约 220 万）返回了中国。[17] 这些"海归"构成了中国创新生态系统中重要且特殊的一部分。通过这种方式，中国将那些毕业于国内高校具有数量优势但未受到良好训练的 STEM 领域员工，与在发达国家受过世界一流教育的"海归"人才结合了起来。

中国的教育体制以往常被人诟病的是抑制了创造力，这种传统看法自然有一定的道理。但是，不可否认的是，中国的创新文化也正在逐渐形成和发展。首先，独生子女一代及更年轻的"90 后"，越来越不愿意接受权威。其次，中国政府已经意识到了这个问题，并正在支持相关主体（如学校、家长和企业）寻求解决方案。最后，现在有大量的中国学生在发达国家接受了本科教育，获得了大学学位，也在那里接触了创造性的思维方式。回国后，这些在海外受过教育的学生也在逐渐改变和影响着中国本土的文化。我们的研究揭示了中国不断提高的创造力和创新水平：大量科技企业在 2000 年后创立，新生代的数字企业也正在建立具有颠覆性的商业模式。而这些公司的掌舵者，几乎都是年轻人。

中国政府的支持：长远抱负和间接指导

中国政府以坚定的决心和宏大的计划追求创新，这是一种典型的中国方式，这带来了比大部分发达国家更强大的支持。在中国最新的

"五年规划"（2016 年至 2020 年）中，创新被列为重点关注领域之首。中国科学院确定了 22 项对中国现代化具有战略意义的科技计划。[18]"中国制造 2025"同样雄心勃勃，该战略规划专注于 10 个尖端领域，并提出要充分利用中国在互联网、大数据和云技术方面的优势。[19] 政府对 3D 打印、半导体、电动汽车和精准医疗等技术进行了补贴（后者已获得 92 亿美元的资助，相比之下，美国的相关产业只获得了 1 亿多美元的资助）。[20] 2017 年的全球创业观察报告显示，中国政府出台的政策比全球和亚洲地区平均水平都更具有支持性和针对性。[21]

中国政府主导的创新体系有很多组成部分。国务院是管理科学技术的最高机构，由总理主持工作，对中国的科技战略规划负领导责任。[22] 尽管其他大多数国家也有支持科学技术和创新的各类组织，但中国拥有独特的整合机制——中国共产党和中国共产党领导下的政府。这样，政府就可以成功推动大规模的国家研发计划（例如火炬计划、"863 计划"、20 世纪 90 年代以来的"973 计划"，以及 2015 年推出的"中国制造 2025"）。中国还有许多国有企业，这些企业直接或间接由国家持股控股。[23] 因此，中央政府拥有实施创新政策的有力手段。

中国的创新生态系统以地方自主性和地区差异性为特征，一些业界人士将此称为中国的"双重创新系统"。[24] 国家层面的创新体系与发达国家的创新体系类似，主要专注于先进技术。相比之下，区域创新体系（RIS）深深植根于具有不同战略侧重的地方产业和市场中，在许多省份都与农业及传统技术领域相关。我们对中国公司和跨国公司的研究证实，中国存在着数量众多的"创新孤岛"，不同孤岛参与者之间的联系，以及其产生的协同效应 ① 与溢出效应 ② 都比较有限。

与大多数新兴市场国家一样，中国大力推动跨国公司转让技术以换取市场准入，而中国的合作体制和坚定改革开放的决心，使其能够卓有成效地吸引外资企业与中国公司及研究机构共同开发和共享技术，这种现象在 20 世纪 90 年代尤为常见。此类技术转让可以被视为中国创新生态系统的一部分。然而，一些证据表明，外资企业虽然在中国建立了规模不小的研发中心，但它们带到中国的技术的数量与之并不匹配。2014 年，外资提供的研发资金仅占全国总研发资金的 1.3%，其专利申请只占到全国专利申请的 18%。[25] 技术转让政策现在已经基本被放弃。

最后，共产党在中国的商业活动中所扮演的角色和产生的影响力（尽管是间接的）也不容忽视。[26] 例如，拥有 50 名以上党员员工的私营企业要选举一位党支部书记。[27] 但需要注意的是，实际上党的干部及书记在私营企业中主要发挥的是指导作用，并不涉及企业的日常运营。一方面，这种近距离的监督可以使党了解私营企业的动向；另一方面，这也是私营企业参与政治生活的一个渠道。[28]

知识产权：降低创新风险

国际上普遍认为，自 1979 年以来，知识产权在中国开始得到承认和保护。中国的知识产权法律体系包含国家层面的立法和各种地方

---

① 协同效应最早由德国物理学家赫尔曼·哈肯提出，是指整个环境中的各个系统间存在着相互影响而又相互合作的关系。此处作者意在说明，一个集群中的企业由于相互协作共享业务行为和特定资源，因而使单独运作的企业取得了更高的赢利能力，即"1+1 > 2"的效应。——译者注

② 溢出效应是指由于个别企业的行为，而对消费者或其他生产者可能造成的好的或坏的经济效果。——译者注

性的法规。经过多年的努力，已建立起了完善的知识产权法律体系，就法律本身而言并不逊于美国，问题主要在于具体执行上。

在中国创新可能要面对被模仿的风险。根据中国创新调查的数据，早在 2014 年，关注知识产权保护的中国企业数量就已经超过了外资企业数量。[29] 鉴于执行中存在各种问题，中国知识产权保护的效果有限，这种担忧不无道理。例如，很多情况下，申请专利主要是为了享受各种奖励和优惠政策，而不是因为真正的市场需求，这导致了大量"垃圾专利"的产生。换言之，许多专利的市场价值有限。当然，"垃圾专利"本身并不会直接影响市场竞争，但这个现象的存在体现了当前知识产权保护机制的问题。在当前中国知识产权保护的现实条件下，企业往往会仔细地评估具体技术需求、公司内部的各种因素，以及在中国保护知识产权的其他替代方法。[30] 后面几章我们会看到，加快产品上市速度就成为一种常用手段，以此降低法律手段无法保障自己创新收益的风险。

对于在中国进行创新或研发的外资企业而言，在知识产权保护方面一直存在很大的忧虑。其实近年来，中国的知识产权保护有很多积极的进展：知识产权保护框架进一步完善，不少公司成功采取法律行动保护了自己的知识产权。中国政府对知识产权保护更加重视，不但发布了多个重要公告，也在采取一系列的行动，例如在各地增加知识产权法院数量。2016 年，中国公司对本国其他公司提起的知识产权诉讼比外资企业的还要多。[31]

创业公司

在 2017 年全球创业观察报告中，中国的早期创业活动总量（TEA）

与印度、以色列、美国的相似，但低于全球和亚洲地区平均水平。[32]2010 年到 2014 年，中国的初创企业数量翻了一番，达到 1 609 700 家，几乎是英国和印度初创企业数量的两倍。尤其是在高科技领域，中国的初创企业的数量持续激增。根据中国国家统计局的数据，2016 年平均每天有 1.5 万家新公司注册，与 2015 年相比每天增加 3 000 家，2016 年新注册公司总数超过 540 万家。[33]

中国创业公司的蓬勃发展得益于政府的许多举措，例如大学创新创业课程、各种孵化器和科技园区等。当然，初创企业之间的竞争也日益白热化。2016 年，有 7 000 个初创企业项目参加上海的区域性创业竞赛，经过两轮筛选，有 1 700 个项目保留了下来。[34]一个真正的创业者大军正在出现，他们是一支不容忽视的力量。这些创业者和企业家也正是本书的重点，第二、三、四、五章将会陆续介绍四个类型的创新型企业家。

风险投资：腾飞

管理学学者道格拉斯·富勒认为，中国技术发展的一个很大的挑战是中国对民营经济的金融支持体系效率低下。[35]但是，深入研究初创企业的资金来源就会发现，正在推动这些企业发展的是私人资本，而非来自国有银行或政府的公共资本。2017 年全球创业观察报告显示，中国企业家获得风险创业融资的能力比全球平均水平高出 27%，比亚洲地区平均水平高出 32%。[36]

无论是从交易案例数量还是从总投资金额来看，风险资本在过去 10 年都大幅增加了，这是中国发展创新型经济的必要条件。在此之前，大多数私营企业在资金募集上遇到了很大困难。尽管像天使投资、风险投资、私募股权以及企业风险投资等投资类型在中国一度缺乏明确的界定，但重要的是，越来越多的投资人及投资机构开始关注初创企业。

在 2010 年中国投资行业开始腾飞之前，为促进私人投资，中国制定并实施了一系列重要的规章制度。其中包括 2001 年出台首个外商风险投资（VC）规定，2004 年深圳启动中小企业上市培育工作，2005 年出台《创业投资企业管理暂行办法》，2006 年重启首次公开募股（IPO）申报，以及 2009 年创业板（中国的纳斯达克）上市等。根据"十二五"规划，政府发布了鼓励和引导民间投资发展的意见，以及关于股权投资基金的税收政策。政府的积极支持信号和国内资本市场的繁荣推动了股权投资行业的发展。

但是，中国的风险投资环境仍然不够成熟，并且相对来说还不够专业。2014 年末，美国私人投资规模（含私募股权和风险投资）是中国的 10 倍。[37] 同年，美国的养老金组织是私募股权市场的最大参与者，占资本总量的 25.3%，而私人资本占比为 13.9%。反观中国，私募股权市场的主要参与者是私人资本，社会保险基金直到 2008 年才被允许进入。此外，中国的私募股权投资退出渠道也较为有限，IPO 和股权转让是主要方式。中国的私募股权市场中专业的投资者和投资机构仍比较稀缺。私募股权大多跟随市场主流趋势投资，而不是依靠专业知识和经验来独立判断一个公司的价值。不少专业的投资者和商业评论家时常提到中国的风险投资泡沫——一些二流的创业公司可以相对容易地获得风险投资。尽管存在各类问题，私人资本流向创业公司的总体趋势是好的。

我们的研究：跨行业案例的比较

本书内容基于 10 多年来的研究、教学，以及同 200 余家中国公

司的咨询经验，其基础根植于四个部分的实证研究。第一部分是从
2011 年至 2015 年间开展的一个研究项目，其内容包括对数十家中
国企业的数百名管理人员的访谈。受访者或是研发和创新部门的负
责人，或是 CEO 及高级管理人员，他们大多在中国，也有的在企业
的欧洲分公司工作。[38] 第二部分是一个长期研究项目，时间跨度是
从 2005 年到 2017 年，包括对数百位中国本土企业家、投资者及大
型企业管理者的访谈，主要关注的是中国本土企业创新能力的发展
和现状。第三部分是本书作者在浙江大学期间的一个研究项目，主
要专注于中国数字生态系统发展。这项研究由马克·格瑞文和韦薇
在《中国的商业生态系统：阿里巴巴及百度、腾讯、小米和乐视》
一书中进行了总结。[39] 第四部分包括几位作者与中欧国际工商学院
（CEIBS）、浙江大学的同行们进行的研讨，以及以中国创新为主题
组织的各种论坛和会议，这些讨论令人获益匪浅。此外，向世界 500
强公司的管理者与从事创新工作的专业人士介绍我们的研究并得到
他们的反馈，也十分有助于我们对研究成果进行反思，从而提升结
论的可靠性。

我们在中国创新企业结构中考察的企业广泛分布于各个行业部
门。在第二、三、四章中，许多先锋企业、隐形冠军以及黑马企业
是制造业的代表。第二章谈到的诸如阿里巴巴、百度和腾讯等先锋
企业，以及第五章谈到的滴滴出行、美团点评、摩拜、拼多多和今
日头条等创变者，大部分属于服务业。在中国一直备受关注的金融
科技领域，则以第五章中的 51 信用卡为代表。表 1.2 总结了本书涉
及的行业。

表 1.2 本书涉及的行业

制造业	服务业
通信	电子商务
装备制造	农业技术
家用电器	数字通信
重型机械制造	数据服务
消费电子产品	在线游戏
安防电子产品	媒体
医疗器械	餐饮业
新能源（风能、太阳能）	金融科技
化工	移动出行
制药	定位服务
生物技术	数字医疗
3D 打印	
电子元器件	
汽车	
物联网	
精密仪器	
平板显示器	
集成电路芯片设计	
无人机	
新材料	

阅读指南

本书围绕四个问题展开，即中国创新的"动因"（见第一章）、"主体"和"内容"（见第二、三、四、五章）、"方式"（见第六章），以及中国创新的"未来"（见第七章）。第八章为结束语。第二、三、四、五章分别介绍了先锋企业、隐形冠军、黑马企业和创变者。第六章总结了中国企业创新的 6 种方式。第七章考察了中国创新企业的全球化。

任何人试图记述像中国创新者这样充满活力的企业时，无法绕过的一点就是变化。尽管直到本书出版前，我们仍不遗余力地持续更新书中的信息，但我们的更新速度肯定无法跟上中国创新企业不断前行的速度。因此，我们更希望本书读者能够从我们提取出的中国创新企业独具的创新特点和创新方法中受到启发，正是这些特点和方法，使得中国的创新企业在一个充满竞争性的环境中不断适应和改进。创新是中国未来的驱动力。

读者须知

我们一般以人民币为单位，而没有换算为美元。同时，我们尽量与原始数据保持一致，但也要注意到，2017 年美元兑人民币汇率波动较大。作为粗略参考，我们建议按照 1 美元约等于 7 元人民币进行换算。

第二章
先锋企业：来自东方的巨人

谁是先锋企业

先锋企业是由那些高瞻远瞩的企业家创办的，他们把产品和技术引入了自己所在的国内产业领域。这些先驱者白手起家，如今已经将企业发展成收入超过 100 亿美元的全球性企业，并作为市场领导者吸引了国际社会的广泛关注。我们在中国创新企业中拔得头筹的 25—30 家里，[1] 选取了 8 家既代表传统产业又代表新兴产业的创新典范。我们的实证研究表明，这些具有开拓精神的创新企业不仅擅长产品或技术的创新，而且也擅长组织、营销和商业模式的创新。我们的研究还显示，先锋企业的创新体现了在不确定环境下，需要对创新进行持续反思及调整。在本章中，我们将讨论以下主题：

- 华为是全球研发领导者；

- 海尔数十年的组织实践经验；

- 中国的卡特彼勒（Caterpillar）①：三一集团；

- 联想崛起为全球计算机领域领导者；

- 互联网时代的BAT（百度、阿里巴巴、腾讯）商业生态系统；

- 小米智能硬件的社交营销革命。

　　许多企业高管、学者以及媒体人士，通常将表2.1中汇总的8家企业视为中国最具创新精神的企业。前四位（海尔、华为、联想和三一）代表了中国先锋企业崛起的第一波浪潮。中国已经成为（并将在一段时间内持续成为）世界其他地区的主要产品生产国。然而，中国企业不再仅仅是跨国公司的原始设备制造商，它们自己也成长为跨国企业，品牌知名度与日俱增。表中第二组的四家企业（阿里巴巴、百度、腾讯、小米）被视为中国先锋企业崛起的第二波浪潮——然而这一次，它们是以全球数字科技巨头的身份出现在公众视野中的。[2] 中国互联网的快速兴盛，以及企业家向移动互联网和电子商务的进军表明，中国创新企业可能很快就会引领全球发展。在本章中，我们将讨论上述8个企业的案例，并分析它们的创新优势。我们将BAT作为一个整体案例来讨论，重点关注其创新的组织方式——商业生态系统。

---

① 卡特彼勒是一家美国公司，是世界最大的工程机械和矿山设备生产商、燃气发动机和工业用燃气轮机生产厂家之一，也是世界最大的柴油机厂家之一。——译者注

表2.1　中国的8家先锋企业：东方巨人

案例	企业所在地	成立年份	科技领域
第一波：			
海尔	山东	1984	家用电器
华为	深圳	1987	通信和消费电子产品
联想	北京	1984	消费电子产品
三一	湖南	1989	重型机械制造
第二波：			
阿里巴巴	浙江	1999	电子商务
百度	北京	2000	搜索引擎
腾讯	深圳	1998	数字通信
小米	北京	2010	消费电子产品

资料来源：作者的研究。

华为是全球研发领导者

华为可能是中国最著名和最成功的全球性企业。它是全球最大的电信设备制造商，智能手机则是其业务领域中最突出的一部分。[3]华为在170个国家占有市场份额，与全球14家领先的电信运营商共建了28个联合创新中心，海外市场收入占其全球收入的一半以上。[4]该公司是全球通信技术创新的领导者，在制定通用技术标准方面扮演着重要角色。[5]

华为于1987年由任正非在深圳创立，其最开始的业务是制造用户交换机。[6]起初，该公司的目标是创建一个国内通信公司，减少中国对进口技术的依赖。到 1990 年，华为拥有约 600 名研发人员，并开始致力于为私人组织服务、集中交换中心线路的私营企业交换机商业化。公司成立 10 年后，拿到了第一份国际业务合同，其内容是为和记黄埔公司提供固定线路网络产品。随着海外业务的不断扩展，华为需要在研发领域做出更大承诺，这一点在 2003 年"思科（Cisco）诉华为专利侵权案"中得到了凸显。自 2013 年以来，华为已经成为世界上最大的专利申请者。2016 年，它仅在研发领域就花费了 92 亿美元，其员工 60%以上是工程师。华为的基层路线使它能够在印度、日本、瑞典、美国等国家建立一个拥有 16 家研发中心的全球创新体系。

客户驱动的技术创新

华为在新技术研发上成就卓越，比如 SingleRAN（一体化基站建网理念和解决方案，2008 年研发成功）、LTE（Long-Term Evolution，长期演进技术，2011 年研发成功）。SingleRAN 是一种无线接入网技术（RAN），它允许移动通信运营商在同一网络上支持多个移动通信标准以及无线电话服务。LTE 是移动电话和数据终端的高速无线通信标准。2009 年，其首次商业应用是在华为于斯德哥尔摩和奥斯陆建设的 SingleRAN 技术基础设施中。此后，4G（第四代蜂窝移动通信系统）版本的 LTE-TDD（分时长期演进）技术由华为和大唐电信主导的一个全球联盟开发。2011 年，华为与中国移动通信集团合作，在全球范围内部署了第二代 4G 技术。迄今为止，华为部署了数百个能够演进成 LTE 技术的 SingleRAN 商用网络，已然成为电信通信技术领域的全球领导者。

2011 年，华为开始涉足移动电话业务。作为一家设备供应商，华为当时正在为运营商搭建传输通道。由于 3G 运营商没有足够的移动电话，华为因此发现了移动电话业务的商机。根据我们的访谈，这种以客户为导向的创新方式是华为的重要经营原则。新的业务（如光伏逆变器业务）现在依然是通过这种途径探索出来的。作为一家设备制造商，华为拥有很强大的技术优势。例如，华为是为数不多的几家可以自己制造集成电路（芯片）的手机生产商之一，这大大降低了成本，并能够确保库存周转顺畅。2016 年 12 月，华为与数十家外国运营商合作发布了 5G 技术，对其发展下一代移动电话通信标准的目标而言，这是重要一步。

该公司创新方式的另一个特点，可以从其如何拓展电信通信设备领域业务的方式中看出：从低端做起，不断升级。这是由于华为的第一个海外市场是低收入国家，客户负担不起高价产品。这种定位最初使华为声誉不佳且利润率低，但是该公司很快转变了人们的看法。在 2016 年慕尼黑新品发布会上，华为推出了高端系列 Mate9 手机，并于 2017 年拉斯维加斯国际消费类电子产品展览会（CES）上推出了海外版荣耀畅玩 6X 手机。在荷兰和葡萄牙等发达市场中，华为已经成为最畅销的手机制造商，其在美国的年销售额也增长了 40%。

组织创新

技术并不是华为唯一的创新点。表 2.2 总结了华为的创新方式，其一是狼性文化。从公司成立之初，华为的创始人任正非就把高度自律和坚决执行的理念深植于公司组织管理之中。中国许多著名商业人士都钦佩于任正非的军事化管理模式。华为的狼性文化包括敏锐的市场需求意识、高压的工作环境以及集体英雄主义精神。员工对公司的忠诚和奉献在 2015 年年度报告中尤其得到体现。其二是员工持股。华为没有在任何证券交易所上市，也没有任何外部资金支持，它在某种意义上由其员工所有。任正非拥有公司约 1% 的股份，其余股份则由 8 万余名员工持有。公司内部有一个由 60 名持股员工代表组成的常务委员会。这种员工持股的模式还包括奖金和股息等激励措施。但是，员工持股实际上是虚拟的，也就是说，"持股"主要是指获得股息的权利，股份只有在员工辞职后才能由公司购回。常委会在管理上可能没有实权，但是它有权选择公司的高层管理团队，包括轮值 CEO。三位副董事长轮流担任公司首席执行官，为期 6 个月，这是华为的第三项组织创新。一个由现任轮值首席执行官领导的战略决策委员会向任正非直接汇报工作，任正非对所有决策拥有一票否决权。此种轮换制创造了一种共享领导权的模式，因为高管们的关注点会周期性地从业务和技术转向战略方面。

表 2.2　华为有何创新之处

客户驱动的创新	组织创新
研发投入	狼性文化
从低端市场切入	员工持股
快速升级	轮值 CEO（共享领导权）

资料来源：作者的研究。

海尔数十年的组织实践经验

海尔集团是世界领先的大型家电制造商。2009 年以来，该公司一直是全球最大的大型家电供应商之一，占全球市场份额的 10%。2016 年，海尔拥有超过 78 000 名员工，被世界品牌实验室（World Brand Lab）

列为全球大型家用电器品牌排行榜之首。凭借遍布四大洲的全球研发网络、覆盖超过 100 个国家的线上和线下销售服务网络，以及开放性的创新创业平台，海尔在 2016 年历史性地创造了 2 000 亿元人民币的收入。该公司取得的巨大成就，使《财富》杂志将海尔的创始人张瑞敏列入其 2017 年全球 50 位领袖人物之中。[7] 2016 年，海尔以 54 亿美元的价格收购了通用电气（GE）的家电业务部门，这一壮举在 30 年前是难以想象的。

1984 年，张瑞敏执掌濒临破产的青岛电冰箱总厂。同年，他从德国利勃海尔（Liebherr）公司引进了一条电冰箱生产线，公司的新名字"海尔"也是源于这家德国公司。1985 年，张瑞敏销毁了 76 台存在轻微缺陷的海尔新电冰箱，当时海尔的首要目标是打造一个具有良好声誉的国产品牌。该公司的发展进程是典型的循序渐进式（很多中国公司都遵循）——国内品牌建设（1984—1991 年）、多元化发展（1991—1998 年）、国际化扩展（1998—2005 年）、全球化品牌战略（2005—2012 年）、平台战略（2012 年至今）。从海尔的发展变革来看，其创新有两种典型路径：市场驱动的产品创新以及活跃的平台组织。

市场驱动的产品创新

海尔是最早将不同版本的创新产品不断推向市场的中国企业之一。海尔的许多产品满足了中国消费者的特殊需求。例如，洗衣机有快洗功能——15 分钟的不停洗涤。还推出一个虽然失败了但很有趣的中国本土例子——既能洗衣服又能洗蔬菜的洗衣机。这种针对中国农村地区的模式，是在海尔的维修工向公司汇报后才得以发展的，他们发现中国农村地区的人们不光用洗衣机洗衣服，还用它来洗菜。

这种专注于小众市场而非低成本的定位，也反映在其海外战略上。例如，海尔最初专注于美国的小型冰箱市场，这使得海尔能够与通用电气等美国大型企业展开竞争。海尔一款带折叠桌的冰箱主要面向学生群体，因为产品设计师在参观了拥挤的学生宿舍后发现，学生会在两个冰箱上放木板以搭建一个简易桌子。在法国和意大利，该公司首先以销售空调为其主要业务，然后再根据当地的消费者调查情况，进入其他利基市场。如今，海尔依旧不去任何销售同类家电的海外市场销售小型家电。

新产品的创意一般来自工程师或经理，但是很多产品创意来自前端，比如维修工和销售人员。海尔的水晶系列洗衣机正是大量观察、调研和创新的结果。为了解用户对洗衣机转速和噪声等方面的偏好，海尔员工经常到用户家里去观察他们的消费行为，而不仅仅依赖开会座谈或市场调研。此外，海尔还打造了一个开创性的在线平台——海尔开放式创新平台（HOPE），以获取来自全球的灵感资源。[8]自2013年以来，海尔利用此平台搭建了一个由数千名外部专家和数十万名用户组成的在线社区，以寻求创意和问题解决方案。例如，基于用户在平台上提出的需求，海尔开发了新型油烟机。公司首先对相关技术提出招标要求，之后被一所大学承接，并最终共同完成该产品的研发。

为满足新产品开发的需要，海尔将产品多元化、产品升级、国际化与技术引进战略相结合。尽管海尔已经建立了5个全球研发中心，并致力于雄心勃勃的创新项目（如低耗水量和无噪声洗衣机），但推动其发展的主要因素，仍是从国外引进现成技术，直接收购掌握先进技术的公司，或与全球领先企业结成战略联盟。在早期阶段，他们从利勃海尔公司引进技术，收购青岛电冰箱总厂、青岛空调厂、红星电器厂，并与山东莱阳家用电器总厂建立了合资企业。[9]

当私营经济逐渐腾飞，中国国内市场开始发展时，公司选择了适应环境，逐步提高自己的技术能力，并用其来不断降低成本。海尔开始在自己的品牌名下生产新产品，专注于以市场为导向的产品创新，并与外资企业展开竞争。为了在之后进一步提高技术能力，海尔与三菱、飞利浦、三洋、东芝等国际合作伙伴开展合作。例如，高转速洗衣机需要大功率电机等重要技术，这是海尔与新西兰斐雪派克（Fisher & Paykel）公司合作研发的，后来这家公司被海尔收购。这些合作伙伴关系有助于海尔提升产品质量或研发新产品，尤其在海尔收购了空调、洗衣机等不属于其核心技术领域的本土企业之后。

活跃的平台组织

在发展过程中，海尔完成了两大创新：市场驱动的产品创新和组织创新。自 1998 年以来，公司尝试了新的组织模式，以削弱层级制度和命令控制，并通过自组织模式以及内部劳动力市场来增加自主性。但直到 2010 年，海尔才建立了一个贯通全公司的平台型组织（该组织有开放型架构，其治理模式旨在促进商业互通）。

为了缩小公司与产品用户之间的距离，海尔取消了战略业务部门和管理层级（见图 2.1）。这家公司被重组为多个自主经营体工作部门，每个部门约 20 人。其后来被称为小微企业。最初，公司设计了三种工作部门类型：一级工作部门与用户直接沟通，二级工作部门承担维持企业运转的基本职能（如人力资源、会计、法务等），三级工作部门（管理团队）支持其他各部门运营。

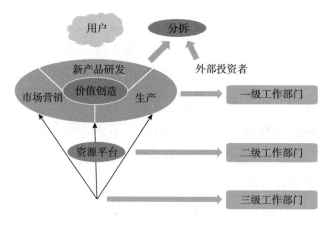

图 2.1　海尔的小微企业平台

资料来源：Based on Bill Fisher, Umberto Lago, and Fang Liu, *Reinventing Giants: How Chinese Global Competitor Haier Has Changed the Way Big Companies Transform* (San Francisco: Jossey-Bass, 2013), and extended with the authors' research。

　　一级工作部门目前负责三项业务，即新产品研发、生产、市场营销。二级工作部门已转型为一个资源整合平台。中层管理人员的职能（如人力资源、法务、会计等）大部分已被取消，二级工作部门逐渐不复存在。职能型专业人士被分配至各个具体工作部门担任顾问。三级工作部门规模最小，位于倒金字塔结构的顶部，[①] 其功能被重新定义为向对接客户、自我管理的工作部门提供支持。

　　三开门冰箱的研发生产体现了这一系统的运作模式。海尔决定研发一款三开门冰箱后，就开始面向公司内部进行招标。组织内的任何人都可以提出申请，成立一个新的工作部门来研发此产品，由相关领域

---

① 原文如此，但结合上下文可推知，作者本意是想表达三级部门位于"金字塔的顶部"或"倒金字塔的底部"。——译者注

代表组成的委员会将挑选其中的最佳方案，获选方案的申请者有机会将其工作部门以小微企业的形式开展研发工作。从这时起，新的工作部门将会对新产品全权负责。它需要创建自己的盈亏表，设定自己的目标，并竭力获取一切必要资源（包括为工作小组聘用合同制雇员）。全公司统一的业绩考核制度已被废除，取而代之的是对各工作部门的业绩评估。根据工作部门的业绩表现，员工报酬由较低的基础工资加高度弹性的业绩奖金构成。没有上下级报告，也没有同事或高度严密的管理层级检查，充分的自主权和责任制都落实到一级工作部门，就像一个小微企业一样。产品研发成功后，工作部门需要进行生产。例如，研发了三开门冰箱的工作部门要和生产部门签订合同，合同规定了单位生产成本，它还需要与市场营销部门签订合同，这些部门的业绩主要取决于它们是否履行了合同。

目前海尔有上千个工作部门，其中上百个部门年收入超过 1 亿元人民币。近期，该平台进一步升级，允许非核心产品工作部门进行分拆。2014 年以后，公司允许外资与海尔投资基金联合投资前景向好的新产品。例如，一家家具制造商投资了一个电子商务平台（youzhu.com），该平台是海尔的工作部门为住宅装修业务而开发的。海尔下属的 41 家独立公司得到了风险投资基金，其中的 16 家更是获得了超过 1 亿元人民币的资金。

最近的另一个进展是，海尔在推动各工作部门向开放平台深化转型，以此为品牌多元化创造平台优势。日日顺（Goodaymart）便是很好的例子，它最初是一个分销平台，目标是在 24 小时内将海尔电器送至中国各地。[10] 但是，它转型为一个由三部门（市场、物流和服务）组成的开放式平台后，市场上的任何商家都可以利用这一平台优势。目前，该平台承接国内外各商家（包括竞争对手）的产品配送，并已扩展成一个服务平台。例如，百得公司（Black & Decker）利用这个平台在中国进行配送，海尔同时为百得公司提供设计、品控、制造上的支持。[11]通过去中心化、去中介化、消除内部沟通壁垒等举措，海尔的雇员人数比其最高时期减少了45%，但却创造了160多万个就业机会。

中国的卡特彼勒：三一集团

三一集团是一家位于湖南长沙的重型机械制造企业。2016年，其员工人数达9万名，该年收入超过700亿人民币，是全球十大工程机械制造商之一。三一集团经历了20多年的高速增长，其年均复合增长率（CAGR）达到70%，成为该行业首家进入英国《金融时报》全球500强企业排行榜（该排行榜以市值为排名依据）的中国公司。多年来，三一集团一直名列《福布斯》全球100家最具创新力的公司排行榜，是全球仅有的5家进入该排行榜的工程机械制造商之一。[12] 在中国，三一集团作为创新者的声誉更佳。《财富》（中文版）将三一集团列为中国三大最具创新力的公司之一。[13] 尽管三一集团最初只是一家"草根"企业，但如今它已进入了全球舞台，在海外拥有30家子公司和300多个办事处，其海外收入占其总收入的40%以上。

三一集团的前身由四位来自湖南涟源的合伙创始人于1989年创立，当时他们只有6万元人民币的投资。梁稳根是其主要创始人，他毕业于中南矿冶学院（现中南大学）材料科学专业，并有几年军工系统工作经验。1991年，该公司的前身（焊接材料厂）更名为"三一集团"。1994年，公司创始人提出"双进战略"，将公司业务从焊接材料转向重型机械制造，并将公司从涟源市迁往湖南省会长沙，以便获取更多资源。

2002 年，该公司开始将产品出口到国外（首先是出口到北非的摩洛哥）。
2006 年，它在印度建立了第一家海外工厂。在随后的几年里，公司进
入了美国、德国等发达经济体市场，在当地建立了研发中心，并收购
了具有行业领导地位的混凝土机械制造商普茨迈斯特（Putzmeister）公
司。近年来，三一集团致力于多元化发展，开始生产风能基础设施产
品，其大多数工程项目都位于美国。

快速的产品研发

三一集团不惜一切代价加快新产品研发速度，这一特点反映在公
司组织新产品研发（NPD）的流程中。几十年来，在蓬勃发展的工程机
械设备市场中，交货期短一直是强有力的竞争优势。三一集团的一位
受访者表示，其公司产品进入市场的平均周期为 12 个月，这是其许多
竞争对手所用时间的一半。对于三一集团来说，做市场的先驱者比做
市场的最优者更重要，因此，尽管把产品设计得十全十美似乎是明智
的选择，但三一集团也同样成功地推出了新产品。

三一集团研发新产品的一个重要特征是，它摒弃了传统的门径管理
模式（stage gating，这是一种管理手段，把整个工程切分为不同阶段，
在每个阶段对工程进行决策和评估），转而采取短流程模式。三一集团
将组织新产品研发的流程切分为相互重叠但不断反复的一个个小步骤，
创造极佳的产品设计，推出极高质量的产品，不断地进行测试和改进，
这加快了产品创新的流程，加快了对客户的反馈速度。平均来看，花在
市场分析、商业案例推演，以及可行性研究上的时间较少。客户的需求
和改进要求往往都在现场提出，而不是事前交代。中国和其他的新兴市
场对工程机械设备需求旺盛，这意味着其客户更愿意在现场提出改进和

维修要求，以使产品质量更加令人满意。这一流程模式也源于中国独特而多样的地理气候特征。三一集团经常不得不在现场对其产品做出调整，以适应当地的土壤或气候，如土壤干湿程度、海拔和湿度等因素。

世界首创技术

由于在早期的研发阶段未能从外资企业获得技术转让，三一集团决定自主研发核心技术，而不是像其他中国企业那样依赖国外进口。为了研发并生产行业领先的高质量产品，三一集团将其年销售收入的5%~7%用于研发。经过多年学习，该公司现在可以根据中国市场需求来完成核心支持技术的创新。

由于具有自主研发能力，三一集团在全球范围内推出了不少世界首创的产品。2007年，在建设上海环球金融中心时，三一集团只用单泵便将混凝土垂直输送到了492米高的地方，这为其赢得了"中国泵王"的美名。该公司拥有86米长的泵车，其臂架长度、臂架节数、泵送排量均为世界之最。2009年以来，三一集团还成为全球最大的混凝土机械制造商，并推出了世界第一台全液压平地机、三级配混凝土泵（在建设三峡工程期间使用）以及沥青水泥砂浆搅拌车。2011年，它首次将96吨的2兆瓦风电机舱提升至80米高度。同年，它开发了世界最强大的履带式起重机，最大起重能力达3 600吨，双主弦管单臂节技术和双超级起重小车技术便在其所包含的30项专利之中。

进军数字化工业平台

三一集团已进军数字科技领域，并开发了一个大型数据存储分析平台，名为"企业控制中心"（ECC）。该产业平台为双向互动、设备远程控制，以及从客户端收集实时操作数据提供了便利。它还可以日常监测与收集设备的运行信息，如位置、工作时间、转速、主要压力和燃油消耗等，如今已经从 5 000 个信息维度上收集了 40 TB（太字节）的数据。该平台是开放的，可供代理商、运营商、挖掘机用户、企业主以及研发人员使用。

三一集团的产业平台有四个主要功能。第一，该平台可用于预测宏观环境。三一集团和清华大学研究提出了"挖掘机指数"，该指数利用工程建设时间和设备操作频次对固定资产投资进行测算，并在一定程度上能够预测中国的宏观经济走向。[14] 基于各省的数据，三一集团可以进一步判断固定资产投资在各省的不同趋势，实时分析地区市场发生的变化，并运用这些信息来指导公司的市场战略。第二，通过智能服务平台和智能数据分析，三一集团开发了节能技术，大大提高了挖掘机的燃油使用效率，降低了燃油成本。第三，该产业平台可以对公司的产品组合进行分析。基于数据分析模型，三一集团可以发现其最受欢迎的产品模式，并运用这些信息来规划未来的产品研发。第四，该平台还能帮助公司预测设备故障和备件需求，大约 50% 的设备故障和早期维护预警都能被预测，这降低了相关成本，并大大减少了客户流失。通过突破工程机械设备安全可控性的技术瓶颈，公司的融资租赁业务也得到了长足发展，并且进一步提高了服务效率。

2016 年，三一集团及其合作伙伴成立了作为衍生产品的久隆保险，这是中国国内首家基于物联网的专业保险公司。由于风险的复杂性，鲜有保险公司敢涉足设备保险领域，但是久隆保险借助物联网和大数据，可以更准确地识别风险，进行定价，并根据不同客户的风险特点定制保险产品和服务。总而言之，三一集团一直在创新，通过创新不断走出自己在硬件制造业领域的舒适区。

联想崛起为全球计算机领域领导者

联想是一家跨国科技公司，总部位于北京和美国北卡罗来纳州莫里斯维尔。该公司在60多个国家设有分公司，产品销往约160个国家。作为世界最大的个人电脑（PC）供应商，以及中国第二大智能手机和平板电脑生产商，该公司在2016年收入达到400亿美元，拥有6万多名员工。它是唯一一家在所有关键的IT科技领域（平板电脑、智能手机、计算机和服务器）都位居世界前三的企业。2016年，该公司从三大核心业务（数据中心、移动设备、个人电脑和智能设备）中获得的收入约占全年总收入的70%。

1984年，柳传志和其他10位科技人员以20万元人民币的启动资金在北京创立了联想。这家新公司是从国有机构分拆出来的，中国科学院为其提供了技术支持和业务联系。最初，联想是虹志电脑在中国内地和香港的分销商，后来其业务扩大，还同时销售惠普和IBM（国际商业机器公司）等其他跨国公司的产品。

凭借其团队的强大科研背景，联想很快就开发出了一款电路板，这使得IBM系列计算机能够处理汉字。该产品是联想公司的首个重大成功。1990年，联想开始在自己品牌名下生产和销售计算机。1994年，联想通过首次公开募股在香港证券交易所上市，筹集到了近3 000万美元（但这仍然没有达到交易员们的期望融资额）。1996年，联想已占据中国市场的领军地位，并推出了自己的笔记本电脑。1998年，联想卖出了大约100万台电脑，在这个仍有巨大发展空间的市场中，它占据了国内计算机领域 43% 的市场份额。在 2002 年首届联想创新科技大会期间，联想公司推出了名为 DeepComp 1800（深腾 1800）的高性能计算机，并通过与消费电子产品制造商厦华电子公司（Xoceco）合作，成立合资企业，开始进军移动电话业务。2003 年，联想正式更名（由 Legend 更名为 Lenovo），并通过大规模国际收购引发了一波创新热潮。

通过收购进行创新

2005 年，当联想收购 IBM 的个人电脑业务时，柳传志说，对 IBM 的收购使联想从三个方面获益：一是拥有了 ThinkPad（思考本）品牌；二是获得了 IBM 更先进的个人电脑制造技术；三是获得了 IBM 的国际资源，比如全球销售渠道和运营团队。这三个要素支撑了联想过去几年的销售收入。凭借这一引人瞩目的收购，联想一跃成为全球最大的个人电脑制造商。2011 年，联想与日本电气公司（NEC）合资成立了一家 PC 公司，联想还收购了德国的消费性电子公司 Medion，该公司的主要业务是生产计算机、平板电脑、数码相机和手机。次年，联想与易安信（EMC）成立了一家开发网络存储产品的合资公司，它还收购了总部位于巴西的消费性电子公司 Digibras，并在巴西当地开办了一家工厂以扩展业务。此外，联想还通过收购美国云计算软件安全公司 Stoneware 来提升其软件研发能力，并以此为契机改进、拓展公司的云计算服务业务。

2014 年，联想完成了对 IBM X86 服务器业务的收购，这令其一举跻身全球三大服务器运营商之列。同年，联想从谷歌手中收购摩托罗拉（Motorola）的移动智能手机业务，这使其成为出货量最大的智能手机品牌之一，同时也是唯一一家成功进军手机和平板电脑领域的个人电脑生产商（苹果公司除外）。[15] 联想已经展现出了将其收购的公司进行整合的非凡能力，它也成功地让摩托罗拉和IBM维持了顶级品牌的活力。但除上述成就外，联想还探索了一系列产品设计创新。

产品设计创新

联想一直走在探索个人电脑新型设计的前沿，比如瑜伽（Yoga）笔记本电脑（它可以模仿平板电脑的屏幕翻转，还同时拥有一个平板键盘，这使它能够变成一个书写板，并配合触控笔一起使用），"地平线"（Horizon）智能桌面（该设计可以使其放在桌面上，用起来就像一个游戏平板）。联想还研发了一款手机（Moto Z），用户可以通过一个巧妙的磁吸系统来添加新的模块或功能。联想利用谷歌的探戈（Tango）深度感应技术开发了一款增强现实（AR）手机，以及一款带有圆柱形手柄的平板电脑，这个手柄里装载了额外电池，此产品还获得了爱迪生奖。联想在收购技术的基础上不断创新，赢得了市场领先地位。联想创新模式的最后一个特点是其非常成功的风险投资。

企业风险投资

联想拥有一套成熟的战略投资模式，主要由三大核心基金组成，分别为战略投资、风险投资、人工智能＋机器人＋云计算。战略投资领域包括信息技术、金融服务、创新消费与服务、农业与粮食产品、新材料等。其目标是发掘并投资未来科技，作为联想业务的战略补充。随着对一系列大公司的成功收购（包括IBM、Medion和摩托罗拉），联想现已发展为中国最专业的风险投资机构之一。

风险投资基金早在2001年便已成立，当时柳传志组建了一个团队，由朱立南担任领导，联想出资3 500万美元作为该基金的启动资金。如今，该基金累计投资（包括美元和人民币投资）达 300 亿元人民币，覆盖 300 多家企业，其中 50 家公司已经上市，40 家公司经并购成功回收了风险资本。

2003 年，联想成立了私募股权基金弘毅投资。弘毅管理着 8 只股票型基金和 2 只夹层基金（mezzanine fund），资本额达 680 亿元人民币。基金的投资者包括中科院控股、中国人寿保险、高盛集团、联想控股、淡马锡控股以及其他养老基金。其重点投资对象为城市化和消费相关领域，包括文化、医疗、制造业、传媒、新能源等。目前，弘毅已经投资了 100 余家公司，包括中集集团、PizzaExpress（玛尚诺）、苏宁、WeWork（美国共享工作空间供应商）和中联重科。同时，弘毅还是国有企业重组的专家，它积极参与了 30 余家国企的改革和其他混合所有制改革。此外，弘毅还活跃于跨境交易活动中，并于 2013 年成为上海自由贸易区的首批投资者之一。

除上述风险投资和私募股权业务外，联想还拥有天使投资基金，名为"联想之星"。其成立于 2008 年，资金规模达 15 亿元人民币。

2016 年，联想设立了一个 5 亿美元的创业基金，由集团内部负责管理，重点关注人工智能、机器人和云计算产业的投资。[16] 2017 年，联想宣布了一项为期 4 年的计划，它将在人工智能、物联网和大数据领域投资 12 亿美元，以期在其个人电脑和智能手机业务陷入停滞的情况下实现多元化发展。[17]

互联网时代的 BAT 商业生态系统

中国互联网公司的领军者阿里巴巴、百度和腾讯正呈现出前所未有的增长速度，其市场资本总额接近 8 000 亿美元，年均增长率超过

50%，超过500家企业从中孵化。在2015年中国的64家独角兽公司中，有一半要么是从BAT中分拆出来的，要么与BAT有股权投资关系。[18] 2015年，阿里巴巴、腾讯和小米的报告称，其总收入的10%（额度达数十亿美元）来自海外，这使它们真正称得上是国际互联网巨头。不出所料，《快公司》杂志列出的2017年全球50大最具创新力的公司里，就包括阿里巴巴（位列第11名）和腾讯（位列第12名），百度则进入人工智能/机器学习领域中国排行榜和全球排行榜。[19]

起初，这三家数字生态系统的领军企业被认为是外国商业模式的模仿者——"百度模仿谷歌，阿里巴巴模仿易贝（eBay），腾讯模仿即时通信软件ICQ和许多国外的电子游戏软件"。这些公司被视为没有创新能力，而且人们通常认为它们的成功主要归功于本国政府的保护以及中国的"防火墙"。然而，BAT不仅从外国引入的商业模式中生根发芽，而且在全球范围内超越了许多竞争对手。阿里巴巴的电子商务规模超过了亚马逊和易贝的总和，腾讯成为亚洲市值最高的公司，百度则担任了全球大数据和机器学习技术的领导者。

同样值得注意的是，阿里巴巴的C2C（个人对个人）平台——淘宝，在易贝进入中国市场前便已推出，淘宝的本土化战略、商品免税，加之其对市场的深度了解，使其很快在1年内就击败了市值高达数十亿美元的竞争对手——易贝。[20] 百度创始人李彦宏，20世纪90年代在硅谷做搜索算法技术人员，据说在90年代末谷歌的创始人都曾向他咨询。早在2010年中国政府开始管制互联网，谷歌退出中国之前，百度就已经在2002年凭借更好的中文搜索引擎击败了谷歌。[21] 21世纪初，腾讯QQ便从即时通信工具发展成一个功能齐全的社群。其后期的产品——微信，在没有借鉴任何人的情况下就颠覆了中国移动互联网。我们的研究表明，BAT 的成功秘诀在于其创新的组织方式，而不是模仿外国的商业模式或者依赖政府保护。

创新的商业生态系统

BAT 商业模式的一个最重要因素，就是其众多业务的组织方式。BAT 采用了一种商业生态系统，这使其能引领市场、创造市场、颠覆市场。商业生态系统是"一种新的组织模式，在此模式中，企业通过各种股权关系相互关联，把不同的商品和服务组合成以客户为中心的新产品"。[22] 商业生态系统有五个关键特征：

一是，数字技术使商业生态系统得以实现。企业的数字化使得跨生态系统的信息交流和共享变得更加便利，而不是局限于两个主体之间。

二是，每个商业生态系统都有一个核心角色，它能够充当整个商业网络的协调者，并为生态系统提供向心力。例如，阿里巴巴的核心由四个电子商务平台（Alibaba.com、1688.com、Taobao.com、Tmall.com）构成。

三是，商业生态系统中的参与者是高度相互依存的。这种依存关系存在的前提是金融和股权的联系，但同时也建立在发展战略、投资方式，以及产品、业务协同、资源共享的互补性上。

四是，商业生态系统的转型并不仅仅是对内部或外部压力的回应，更多是一种积极主动的转型。这些商业生态系统首先要有机地融入商业环境，以满足市场需求，然后在下一阶段通过实验开发新技术、新产品、新商业模式，或开拓新市场，进而主动推动商业环境转变。

五是，跨行业多元化是商业生态系统的一个关键特征和竞争优势来源。生态系统中的商业活动范围广阔，BAT 已经将其核心业务多元化。如阿里巴巴从 B2B（企业对企业）转向 C2C、B2C（企业对个人）

市场，然后转向跨境电子商务，最后转向支撑起电子商务核心业务的团购、在线支付以及物流。除核心产业和初始产业外，它还实现了多元化发展。尤其令人惊讶的是，阿里巴巴为金融、医疗、教育、餐饮和娱乐等传统行业提供的服务，常常是兼具创新性和颠覆性的。

BAT 采用的生态系统模式具有相似性：生态系统的第一层，也就是核心，是公司的自有骨干业务；第二层是支持核心业务运转的各类服务和公司；第三层是参与并促进整个生态系统发展的被投企业和服务提供者。此外，它们的创新策略也是相似的。在第一个十年，BAT 组织开展内部研发，其特征为采用模块化方式，尽可能减少为客户研发生产更高价值产品所需的时间和成本。其研发过程中的实用主义导向，提升了对现有客户和潜在客户需求的回应速度。[23] 自 2012 年以来，BAT 在其核心业务内外积极收购和投资技术类企业及创新型初创企业。最后，三个生态系统中都有这么一个重要的"黏合剂"发挥整合作用，如共享用户群、云服务，以及在线支付系统（比如百度的百度钱包、阿里巴巴的支付宝、腾讯的微信支付）。[24] BAT 商业生态系统是高度多元化的，并且还会随着更加广泛地进入中国和世界各地的新兴产业而不断成长。

跨行业创新

阿里巴巴因其电子商务而闻名，腾讯因其游戏和社交平台而闻名，百度则通常被视为中国的谷歌。但上述业务都不再是这些商业生态系统的最佳代表。作为创新、创业和诞生颠覆性商业模式的沃土，BAT 已经让很多跨国公司和传统行业的老牌企业倍感震惊。通过跨行业创新，不断向新兴产业扩张，BAT 如今至少在 20 个不同的行业中拥有业务。它们主要的扩张方式是投资和收购，对象遍及全球。在过去的 5 年中，它们共同投资了 300 余家公司。三家企业的投资既包括对小型初创企业的天使投资，也包括对大型企业高达数十亿美元的投资。

自 2013 年以来，阿里巴巴通过投资和收购电子商务、物流、定位服务（LBS）、金融、医疗保健、旅游和娱乐等不同领域的公司，实现了从内生增长向高速增长的转变。其投资的公司数量之多，从整体上推动了商业生态系统的发展。在短短 5 年的时间内，大约有 180 家企业加入了该系统。在研究中，我们至少发现了 23 个不同的投资领域，其中有几个是阿里巴巴特别感兴趣的，如文化娱乐、电子商务、定位服务、金融、企业服务等。最近，阿里巴巴的投资范围还包括数字医疗、物流等新兴重要战略领域。

百度用了三种方法成功拓展不同的业务领域。第一，它开发了一些创新的产品和服务，如百度智能健康设备平台（Dulife）、阿波罗无人驾驶汽车。这些主要是由百度自行研发的。第二，百度对 Pixellot（AR/VR 领域）、Velodyne Lidar（激光探测和测量领域）这类新型科技公司进行了重点投资。第三，2013 年，百度启动了一项名为"百度创新中心"的孵化战略。截至目前，百度在中国的 5 个城市设立了百度创新中心，100 余个团队参与了孵化计划。如今，百度已经在数字医疗、在线教育、互联网金融以及定位服务这四个业务领域实现了长足发展。

百度正在加强其人工智能技术优势，以期进军新的产业领域。2014 年 5 月，该公司吸引了谷歌大脑之父、斯坦福大学副教授吴恩达加盟，由其出任百度研究院——人工智能实验室（硅谷）、深度学习实验室（北京）、大数据实验室（北京）的首席科学家。2015 年底，百度人工智能技术的另一个应用——百度无人驾驶汽车完成了道路测试。2018 年 3 月，北京市政府为百度无人驾驶汽车首次发放了开放道路测试许可证。百度将在北京测试其阿波罗无人驾驶技术，在这里，车辆于一定条件下可以实现完全自主控制。在上海市向中国电动汽车初创企业蔚来、国有汽车制造企业上汽集团发放无人驾驶汽车道路测试许可一个月后，百度在北京也得到了道路测试许可。

与百度类似，腾讯也采用了三种方法拓展不同的业务领域。第一，腾讯推出了多项创新产品和服务。从微信的研发可以看出，腾讯擅长利用平行产品开发的方式进行产品创新。第二，腾讯对新公司和新技术进行了重点投资。正如我们将在第七章中讲述的那样，腾讯拥有最具前瞻性的多元化发展战略：200 余家不同行业、处于不同发展阶段的公司已经加入了腾讯的商业生态系统。第三，2015 年 1 月，腾讯启动了一项名为"双百计划"的孵化战略，其目标是 3 年之内投资 100 亿元人民币，以支持移动互联网、智能硬件等领域的初创企业发展。2013年，该公司启动了一项名为"创业基地"的计划，截至 2017 年，其已在中国打造了 20 多个创业基地。腾讯的商业生态系统包括电子商务、数字医疗、文化娱乐、互联网金融和定位服务五大领域。表 2.3 总结了BAT 前五大投资领域。

表 2.3　BAT 前五大投资领域

生态系统	前五大投资领域
百度	定位服务、文化娱乐、电子商务、教育、企业服务
阿里巴巴	文化娱乐、电子商务、定位服务、金融、企业服务
腾讯	游戏、文化娱乐、电子商务、医疗健康、定位服务

资料来源：Mark J. Greeven and Wei Wei, *Business Ecosystems in China: Alibaba and Competing Baidu, Tencent, Xiaomi, and LeEco*（Abingdon, UK: Routledge, 2018）。

小米智能硬件的社交营销革命

小米是一家专注于智能硬件和电子产品的中国企业。公司成立于2010年，初创团队由一批经验丰富的企业家和公司高管组成，可谓"全明星阵容"。2014年，在其智能手机发布3年后，小米战胜了苹果，成为最受中国消费者青睐的智能手机销售商之一。截至2017年底，小米总计已经售出了3亿部智能手机，并将其电子产业业务范围扩展至30多个类别，如空气净化器、电视机、耳机、可穿戴设备、平衡车甚至电饭煲。2017年，小米的总销售额达176亿美元。自成立以来，该公司的年均复合增长率高达80%，令人印象深刻。

小米是中国最有价值的独角兽公司之一，其市值接近1 000亿美元，在《麻省理工科技评论》（*MIT Technology Review*）评选的"2015年全球最聪明的50家企业"中，小米位列第二。2016年4月，该公司的联合创始人雷军成为《连线》杂志英文版的封面人物，杂志引用了他的话，"不要叫我中国的史蒂夫·乔布斯"，"是时候模仿中国了"。写这篇文章时，小米正计划首次公开募股。

雷军是一位经验丰富的企业家，他曾担任中国上市软件公司金山软件（Kingsoft）的首席执行官，也是一位著名的天使投资人。2010年，雷军同6名资深专家以及2名天使投资人在北京创立了小米。2010年8月，小米推出了MIUI，这是一款基于安卓的智能手机操作系统（OS）。当时，人们并不知道是谁开发了MIUI。其设计的初衷是，通过用户的实时反馈以及开源开发者社区，对该系统进行不断更新和发展，以打造一款受用户欢迎的操作系统。在发布后的一年内，MIUI在24个国家收获了50万粉丝。对于小米来说，在推出任何商业产品之前，建立一个庞大的忠实用户群是至关重要的。2011 年 8 月，与供应商签订合同并获得了 50 万粉丝基础后，小米推出了首款智能手机。

轻资产的商业模式

小米的商业模式不同于传统电子产品和智能手机制造商。它本身不具有建立研发中心和生产产品的能力，更愿意将这些业务尽可能地外包，其结果便是诞生了这种轻资产的商业模式——硬件研发、生产、核心技术研发都被外包出去，公司则专注于操作系统和服务创新，这是小米最大的竞争优势。小米的商业模式有以下特征：[25]

有限的产品范围和高性价比：小米在有限的产品范围、高配置、高性能等表现上都和苹果相似，但其售价只有苹果手机的三分之一。小米的核心技术质量与其大多数竞争对手旗鼓相当，如华为和苹果。

粉丝营销：公司利用社交媒体而不是付费传媒来推广产品。这样就奠定了小米在社交平台上的粉丝基础，这些粉丝每天会关注其动态，并积极参与小米社区的活动。总的来说，这是一种"只为粉丝"（just for fans）的文化，这种文化以有限的成本加快了市场渗透的速度。

不断更新的软件研发及产品设计：小米采用了一种新的产品研发方式，其重点在于尽快将"差不多"的产品雏形推向市场，并在技术和设计升级上积极吸纳用户的反馈意见。例如，新一轮软件更新会在每周五晚上发布，粉丝几个小时内就会提供反馈，此时小米的员工也会及时跟进。其结果是，小米的产品很大程度上是小米与用户（粉丝）社区共同开发的，这使其更贴近市场需求，且研发过程的成本会大幅降低。

线上销售：小米充分利用线上销售渠道和社交媒体平台，而不是大型零售实体店或经销商。考虑到小米的目标人群是更加关注科技的年轻人，在线销售渠道满足了此类市场消费者的期待。其结果是，销售成本更加低廉，且满足了最初目标消费者的需要。但是，小米一直想要调整这种商业模式，以应对市场发展趋势及其强大的新兴竞争对手——OPPO 和 VIVO。到 2017 年，该公司已在三、四线城市扩大了线下销售渠道，这些市场中的消费者不太关注技术，他们更喜欢线下购买，而不是线上购物。

将零部件、生产和配送外包：小米选取了质量最好的零部件供应商，自己则专注于整合和设计，而不是生产和硬件研发。小米的核心竞争力是其商业模式、市场营销、产品推广和产品设计，而非硬件制造。这使其能够在提供类似质量产品的前提下，无须像竞争对手那样在生产和研发上进行大量投资、耗费更多时间。

粉丝组织

雷军和小米最令人熟知的可能是他们在市场营销方面的创新，这种方式通常被称作"互联网思维"，即主要依靠建立网络上的口碑与庞大的粉丝群。但是，粉丝营销并未完全抓住这种组织创新方式的本质，事实上，它只反映了该创新营销模式的一个方面。表 2.4 总结了小米的粉丝组织方式，其核心原则之一便是在客户和员工之间建立友谊。该公司 8 000 多名员工中的大多数，尤其是工程师，都是小米的粉丝。事实上，小米也需要公司员工和他们的家人成为其粉丝。第三种类型的粉丝是投入热情的用户。小米论坛和各种社交平台是小米用来与粉丝互动的主要工具，他们不仅讨论小米的产品和服务，还会拓展到业余爱好和日常生活等方面。

表2.4　粉丝组织

成员	粉丝、员工、老板
核心概念	与市场零距离
社交媒体工具	微博、微信、QQ空间、小米论坛
粉丝营销	口碑、饥饿营销、"话题+"策略、社交优先战略

资料来源：作者的研究。

小米公司本身拥有一个扁平化的组织架构，在此架构中，7位联合创始人只是工程师之外的一个管理层。联合创始人必须直接参与新产品研发，与用户进行互动（比如在小米平台上），并随时了解产品的最新情况。雷军是一个榜样，他的社交媒体账户（微博账号）有超过400万粉丝。不仅是联合创始人、销售代表和客服需要与用户直接交流，所有员工都要轮流回应客户的疑问。用户反馈系统为工程师们提出了更多技术问题，如此一来，员工会直接面临压力，这要求他们对市场做出回应。

粉丝营销是粉丝组织的核心。小米决定依靠粉丝间的口碑来增加其线上销售渠道的流量，这是粉丝营销的关键。这种方式使得营销成本降低了30%。低廉的营销成本、强大的谈判能力，以及价值链上的创新使小米产品的总成本得以大幅下降。小米粉丝营销的第二个特点是饥饿营销。在每一次备受期待的营销活动之后，其手机都是分批限量销售的，这种人为营造的竞争感加深了粉丝对产品的渴求。第三个特点是，小米擅长采取"话题+"的活动策略。它会谨慎地选择贴合粉丝兴趣的话题，并围绕这些话题组织线上和线下活动。例如，小米在推出一款以青年为目标人群的智能手机之前，开启了神秘活动——《我们的 150 克青春》，①在粉丝中引发广泛讨论，这是小米"话题+"营销策略典型案例之一。一些对活动内容的猜想在社交媒体上流传，激发了粉丝们的好奇心，也吸引越来越多的人参与话题讨论。第四个特点是，小米制定了成熟且系统化的社交媒体策略，其目的在于维持粉丝数量。微博是为公司吸引新用户的主要平台；小米论坛则是专为资深用户设计的，这使他们能在产品研发中扮演重要角色；QQ 空间用来组织粉丝活动；而微信则是为消费者提供服务的"大本营"。为了调动粉丝参与的积极性，小米举办爆米花线下活动，以周为时间单位表彰本周最受欢迎的点子。

先锋企业的创新优势

作为先驱者，这些先锋企业已经从零开始走到了国际市场的领导地位。它们是 25—30 家来自传统产业和新兴产业领域的创新企业中的冠军。表 2.5 总结了本书中讨论的先锋企业的创新优势。尽管创建这些先锋企业的企业家拥有不同背景，处于不同的时代，来自不同的行业，但是他们都始终致力于不断创新。主流观点认为，这些企业以模仿起家，之后才逐渐有了自主创新意识。事实上，这样的观点有失偏颇。这些先锋企业之所以能够成为市场领导者，正是因为它们从一开始就意识到了创新的重要性，就具备了创新思维。

---

① 这是由小米公司制作的影视作品，分为上下两部分，上半部分以动画形式呈现，下半部分以微电影形式呈现。此处的"神秘活动"是指，在动画和微电影推出之前，小米在网上开展的预热活动。——译者注

表 2.5　先锋企业的创新优势

第一波：	
海尔	市场驱动的产品创新 活跃的平台组织
华为	客户驱动的技术创新 组织创新
联想	通过收购进行创新 产品设计创新 企业风险投资
三一	快速的产品研发 世界首创技术 进军数字化工业平台
第二波：	
BAT	创新的商业生态系统 跨行业创新
小米	轻资产的商业模式 粉丝组织

资料来源：作者的研究。

我们的研究突出了几个主题，这些主题彰显出先锋企业具有以下创新优势：

自力更生：当大多数中国企业都在引进国外技术时，这些先锋企业已经开始自主创新了。比如，BAT 并没有真正引进过技术，而是在最初阶段以国外商业模式为标杆的基础上，迅速迎头赶上并开始创新。

无边界思维：这些先锋企业不断寻求并利用组织边界外的资源。尽管海尔、华为、联想和三一对外发展了广泛的合作关系，并进行了大量投资、收购以充分调用与整合资源，但是 BAT 和小米却选择了搭建商业生态系统来协调资源，而不是直接吸纳它们。海尔也正在从资源整合模式向搭建资源生态系统平台迈进。

数字化：随着互联网时代的到来，以及伴随而至的数字技术革命，先锋企业很快就适应了这种转变，这使许多跨国企业无比震惊。无论是数字原生代（如 BAT 和小米），还是传统的制造业企业（如三一和海尔）都在这样的新时代热情拥抱数字科技，并创造了竞争优势。

创业精神：在很大程度上，先锋企业的创新优势在于它们不竭的创业精神。尽管这些公司规模都很大，但它们的优势不仅仅在于技术和产品的创新，更在于其对组织和商业模式创新的持续探索。

第三章
隐形冠军：未知的全球市场领导者

谁是隐形冠军

　　隐形冠军是高度专业化市场的领导者（全国前三），公众知名度较低，营收一般少于 50 亿美元。它们受长期增长和持续创新的驱动，为利基市场中的忠实客户不断增加价值。我们的实证研究揭示了隐形冠军的 5 个显著特征：

　　根源迥异的快速增长：在不到 30 年的时间里，这些中国企业以自己的方式从国内新兴市场起家，在激烈竞争中击败了国际供应商，并发展成全球利基市场的领导者。它们有的起源于转型后的国有企业，有的来自新兴的"草根"企业。

　　强大的研发能力：隐形冠军在它们的利基市场领域快速发展出强大的研发能力。它们通过聘用更多的研发人员、增加研发投入以及将研发作为战略重点来实现这一点。

持续的产品创新： 隐形冠军擅长持续的产品创新。创新的唯一目的是为客户增加更多价值，降低生产成本，提高利润和忠诚度而非价格。

利用"隐形"优势： 中国的隐形冠军试图远离聚光灯，并远离竞争和新兴企业的影响来保护自己。它们以这种方式延长自己产品的生命周期，限制外部的影响，并将时间和精力更多花费在管理和独立决策上。

全球创新者： 由于隐形冠军关注的商业客户市场较小，这些企业的成长需要跨越国界。其成立时间不长，在早期就开始全球化了。

尽管商业评论员和学术研究者都倾向于称赞大型知名企业，但我们的研究表明中国有着大量的隐形冠军。世界上许多工业和电子产品的最大生产商都来自中国，包括收音机制造商德生、智能监控摄像头的创新者海康威视、港口机械制造商振华重工（占全球市场份额的70%）、集装箱制造商中集集团（占全球市场份额的50%以上），以及重庆昌元集团（生产世界上55%的高锰酸钾——一种无机化合物，有着清洁伤口的医用价值）。大多数隐形的创新冠军都在一些特定的工业领域。根据《经理人》杂志（一本中国专业管理刊物）列出的隐形冠军的样本，36%的隐形冠军在机械和设备领域，26%的在化学和材料领域，17%的在电子产品领域，也就是说，近80%的隐形冠军处于这三个工业领域之中。[1]其余领域包括包装、印刷、纺织、医疗器械以及兽用医药。

在本章中，我们展示了7个隐形冠军的发展案例（见表3.1）。由于隐形冠军的本质就是它们不为人所知，所以我们可利用的数据是有限的。基于公开的资料，我们选择了或多或少能够代表总体的案例。此外，我们引用的 7 个案例都是高度创新的隐形冠军。尽管隐形冠军的数量远远超出了我们此处所要讨论的，但我们要传达的主要信息是，请注意这些具有创新性和竞争力的全球市场领导者，它们大多被媒体和跨国企业忽视了。

表 3.1　中国的 7 个隐形冠军：不为人所知的全球市场领导者

案例	企业所在地	成立年份	科技领域	全球排名	国内排名
金风科技	新疆	1998	风电设备	1	1
海利得	浙江	2001	合成树脂	1	1
大族激光	深圳	1996	激光设备	前3	1
海康威视	浙江	2001	监控摄像头	1	1
蓝思科技	湖南	2003	电子元器件	前3	1
迈瑞医疗	深圳	1991	医疗器械	前3	1
瑞普生物	天津	1998	兽用医药	无法获取	1

资料来源：作者的研究。

根源迥异的快速增长

20 世纪 80 年代，中国经济开始对外开放后，大多数中高端科技产品都从境外进口，如医疗器械、电子产品和新能源等技术通常从日本、中国台湾、美国和西欧进口。这一时期的主要特点是，第一批创业企业家的创业环境十分恶劣。这一时期没有公司法，所有权的定义也是模糊不清的。然而，在 20 世纪 90 年代尤其是在 1994 年中国的《公司法》实施后，中国才真正迎来了商业和企业家的时代。尽管许多国有企业和机构实现了转型和私有化，但由"草根"企业家和一些原公务员创办的企业也在蓬勃发展，后者仅在 1992 年就成立了 10 万多家公司。[2]
从 20 世纪 90 年代到 2000 年初，大多数未来的冠军企业开始崭露头角。在这一时期，企业家具有专业背景、职业技能，也有承担创业风险的意愿。隐形冠军一般来源于两种企业或组织：一种是混合所有制改革而来的在位企业，另一种是"草根"企业。

　　隐形冠军的第一种类型是在位企业。例如，总部位于杭州的视频监控产品和技术解决方案供应商海康威视，就是一个混合所有制的隐形冠军。海康威视起源于中国电子科技（CET）集团第五十二研究所。这一集团是受国务院国有资产监督管理委员会监管的国有企业。海康威视董事长陈宗年当时是该研究所负责人。第五十二研究所成立于 1962 年，专注于计算机存储技术的研究，这也是海康威视的技术根基。2001 年，陈宗年、胡扬忠（研究所总工程师）①以及研究所的 28 名研究人员创立了海康威视数字技术公司，该公司于 2010 年在中国国内上市。到 2017 年，中国电子科技集团的全资子公司——中电海康集团拥有海康威视 40% 的股份。海康威视的第二大股东是龚虹嘉，他的私募股权基金持有 18% 的股份。龚虹嘉还投资了另一个隐形冠军——德生收音机。海康威视的第三大股东是一个管理层股东私募股权基金，持有 7% 的股份。这些股东包括管理团队的核心成员。

　　另一个例子是金风科技——总部位于北京的一家风电设备制造商。金风科技的前身是新疆新风科工贸公司，该公司成立于 1998 年，在新疆经营风电场。该公司归新疆维吾尔自治区政府所有，相比中央企业

---

① 当时胡扬忠实为副总工程师。——译者注

受到的监管较少，但得到的支持也少。1999 年，新疆新风科工贸公司开始研发风力发电设备。仅一年之后，该公司就推出了它的第一个产品——600 千瓦的风力发电机。转变始于 2001 年，当时的新风科工贸公司变更为金风科技。2007 年金风科技在深圳证券交易所上市，2010 年在香港证券交易所上市。金风科技的最大股东是新疆风能公司——一家省级国有企业，持有该公司 14% 的股份。第二大股东也是一家国有企业——中国水利投资集团，持有 11% 的股份。金风科技董事长武钢持有 1.5% 的股份。武钢曾是当地一所工程专业学校的老师，后来成为新疆风能公司的风电场场长，直到 1997 年才成为该公司的副总经理。后来与陈宗年一样，武钢发起成立了金风科技。

第二种类型的隐形冠军是由"草根"企业家成立的。例如，医疗器械生产商迈瑞医疗就由企业家徐航创立。徐航生于 1962 年，1987 年毕业于清华大学计算机系和生物医学工程系。[①]他的第一份工作是在深圳安科医疗器械公司担任工程师。直到 1991 年，在成功主导了彩色 B 型超声诊断设备的研发后，这位 29 岁的工程师创立了迈瑞医疗。起初，迈瑞医疗主要做外国医疗器械的中国销售代理，这为公司的研发活动提供了原始资金。徐航一直认为，只有发展自己的技术能力才能在医疗器械市场上取得成功。该公司于 2001 年推出了全球领先的产品——中国第一台全数字便携式超声诊断系统。迈瑞医疗于 2006 年在纽约证券交易所上市，是中国目前多种医疗器械的最大生产商，以及全球三大病人监护设备生产商之一。

另一个例子是蓝思科技，该公司是世界三大（也是中国最大的）镜

---

① 徐航实际先后毕业于清华大学计算机系和生物医学工程系。——译者注

片生产商之一，也生产触摸屏玻璃盖板和触摸传感器模块等产品。蓝思科技由"世界上最富有的白手起家的女性"——周群飞创立，公司于 2015 年在深圳创业板上市后，她创造的财富净值达到了 70 亿美元。周群飞来自湖南省的一个贫困家庭，高中辍学后，16 岁到深圳打工，其间她还在深圳大学上成人夜校。[3] 她在当地一家家族经营的手表制造厂找到了一份工作。1993 年这家工厂倒闭后，她和她的兄弟姐妹等家人开办了自己的公司，慢慢开始生产手表镜片。2001 年，公司与 TCL 签订了第一份手机屏幕采购合同，这让周群飞得以进入一个新的行业，也成为公司的转折点。2003 年，在接到摩托罗拉为 Razr V3 手机开发玻璃屏幕的订单后，她正式成立了手机屏制造商蓝思科技。周群飞的主要创新是将手表玻璃技术应用到智能手机屏上，当时智能手机正从塑料屏过渡到玻璃屏。她是公司的唯一创始人和大股东，持有公司 88% 的股份。到 2017 年，她的公司成了真正的隐形冠军，其客户包括苹果、华为、三星等大型手机制造商。

虽然隐形冠军有不同的背景，并有着不同的发展战略，但它们都有一个共同点——增长快速。与德国的隐形冠军相比，中国企业成长为国内和全球市场领导者的速度要快得多，只需要 10 年多一点时间。[4] 德国的隐形冠军是家族企业，它们平均有着一百年的历史，并且缓慢成为市场的领导者，其稳定和生存目标优先于增长速度。举例来说，海康威视在 10 年内便成为全球最大的视频监控设备供应商。到 2010 年，它的全球市场份额达到了 20% 左右。在过去的 10 年中，它的年均复合增长率更是达到了 44%。到 2016 年，金风科技只花了 8 年时间就成为中国市场的领导者，并在 7 年内成为世界第一，在过去 5 年内保持着 24% 的年均复合增长率。迈瑞医疗最畅销的超声波设备在

2000 年初，也就是公司成立大约 10 年后，成为全球销量第一的超声波设备产品，自 2003 年以来，其年均复合增长率达到了 30%。2007 年苹果手机进入市场，蓝思科技为其生产了触摸屏，从这之后蓝思科技成为该行业的主导企业（2015 年，蓝思科技占据了 30% 的市场份额）。从 2005 年到 2015 年，它的年均复合增长率达到 40%。到 2017 年，它拥有 7 万员工，每年生产超过 10 亿块玻璃屏幕。大族激光是中国领先的激光设备制造商，在过去 10 年的年均增长率为 50%。显然，中国的隐形冠军更注重速度和增长，并从不起眼的"草根"中迅速崛起。

强大的研发能力

隐形冠军在创立之初就将研发置于战略优先地位，这与它们同时代的大多数制造业同行不同。海康威视及其联合创始人胡扬忠的知识产权发展愿景就是一个很好的例子。成立于 2001 年的海康威视，在 10 年的时间里成为这个技术密集型行业的全球领导者，而这个行业曾主要由少数几家如博世这样的外资企业主导。海康威视也是领先于仿冒者的一个例子。在其成立不久就面临着大量的仿冒者，这些仿冒者是这个行业巨大需求和迅速发展的产物。胡扬忠意识到，海康威视的技术优势可能很快就会被侵蚀，所以该公司很早就注重快速升级技术。此外，从 2002 年开始，在大多数中国公司还没有意识到知识产权问题的时候，海康威视就已对所有仿冒者提起了知识产权侵权诉讼，这清楚地表明了它致力于开发和拥有知识产权的决心。表 3.2 总结了本章讨论的 7 家公司的研发能力，包括研发人员数量、研发支出占比、研发中心数量、国内专利数量等。

表 3.2 7 个隐形冠军的强大研发能力

案例	科技领域	研发人员数量（占总员工比例）	研发支出占收入比例	研发中心数量	专利数量（中国）[a]
金风科技	风电设备	1 200（21%）	5%	4	551
海利得	合成树脂	270（13%）	5%	1	397
大族激光	激光设备	3 000（31%）	8%	3	280
海康威视	监控摄像头	9 300（47%）	7%到8%	7	1 222
蓝思科技	电子元器件	8 700（12%）	9%	1	554
迈瑞医疗	医疗器械	2 000（20%）	10%	10	3 500
瑞普生物	兽用医药	300（15%）	8%到10%	9	120

资料来源：作者的研究。

注：a. 获得中国专利部门批准和备案的专利数量。

　　总体而言，我们案例中所列出的隐形冠军，平均将其总收入的 8% 左右用于各自企业的研发，而且往往有着多个研发基地，其中一些公司（如金风科技、海康威视和迈瑞医疗）还有国际研发中心。这些隐形冠军平均有 25% 的员工从事研发工作。大族激光拥有 3 000 名研发人员，占公司员工总数的 31%，并声称其聘用了中国一半的激光人才，包括激光工程科学领域的著名学者。海康威视近一半的员工都在从事研发工作，2017 年更是超过了 9 000 人，这意味着就工程师而言，该公司在其所属领域拥有世界上最强的研发能力。在专利方面：海康威视是中国最早致力于知识产权开发和保护的公司之一；大族激光拥有中国 50% 的激光相关专利；迈瑞医疗也同样拥有强大的知识产权基础和研发投入的战略决心，其收入的 10% 以上都用于此。

这些隐形冠军的研发能力令人印象深刻，国际高管们在看到这些定量证据时，通常都惊讶不已并且紧迫感十足。尽管各行各业的研发投入强度和相应需求都不尽相同，但总的来说，它们都坚定发展本土研发能力，以此在中国和世界其他地区保持可持续的竞争优势。

持续的产品创新

在中国，产品创新越来越多，但很多仍是渐进式而非突破性的。根据中国国家统计局的一项调查，19%的中国大型制造企业表示，它们将投资用于显著改善现有产品或开发新产品（产品创新）。[5] 在排名前五的省份（北京、广东、江苏、天津和浙江）的企业中，这一比例超过了40%。正是其强大的研发能力保证了隐形冠军能够在利基市场的持续产品创新中脱颖而出，这是它们的竞争优势之一。

这些隐形冠军迅速扩大了自己的产品范围，但又没有向新的利基市场扩展业务。例如，迈瑞医疗虽然起初只是一家医疗器械经销商，但1992年开发了自己的第一个自制产品，即单参数血氧饱和度监测仪。1993年，迈瑞医疗开发了多参数版本，并在随后又开发了经颅多普勒脑血流诊断仪等其他一系列在中国较为前沿的医疗器械（如便携式彩色多普勒超声系统、全自动生化分析仪等）。直到1997年，该公司才摆脱缓慢发展态势，逐步增强其研发能力。正是在这一年，它成功获得了来自华登国际（Walden International）的外国风险投资。2001年，该公司推出了其全球领先产品——全数字便携式超声诊断系统。在这次成功后，它每年推出10个新产品，每个产品都使用了至少10项自身的专利。迈瑞医疗一直致力于医疗监护设备领域，并成功地将许多全球领先产品推向市场。

与此类似，瑞普生物1998年推出其第一个产品——泰灵，一种家禽用的化学药物制剂。作为中国第一款此类产品，它在国内获得了巨大的成功。2001 年，该公司进入兽用生物医药领域。瑞普生物目前生产 170 种不同的化学药物和 50 多种不同类型的生物药物。2014 年，该公司研发了新的禽流感疫苗，这是一种仅在中国和美国生产的第三代疫苗。

在另一个不同行业，蓝思科技走上了相似的道路，在电子产品玻璃屏幕的利基市场不断扩展产品范围。该公司从生产手表玻璃屏幕开始，对用于智能手机和平板电脑上的触摸应用的玻璃屏幕进行了创新，并将其扩展应用于笔记本电脑、数码相机以及 GPS 导航仪上。最近它还为新的消费产品开发了玻璃屏幕，如可穿戴设备和智能手表。蓝思科技继续研发屏幕技术，2011 年，其开始开发精密陶瓷应用和蓝宝石相关技术，应用于红外光学元件和高耐久性窗口。目前，蓝思科技正在为苹果、华为、联想、LG、微软、OPPO、三星、小米等客户开发开创性产品（如触摸屏模块、指纹识别玻璃、虹膜扫描模块）。

另一个例子是大族激光。凭借其强大的研发能力和占据着中国国内大部分激光技术资源，该公司得以不断升级产品供应。它的第一款产品是相对低端的激光标记设备，用于纽扣或皮革制品等小型产品。2004 年，大族激光与摩托罗拉签署了一项协议，并开始研发一款激光雕刻机，以使用激光来加工产品。该公司随后将其产品扩展到激光焊接机和印刷电路板激光钻孔机，并将它们推销给手机生产商。三星和苹果等新客户均与大族激光有所接触。它的下一步是将产品扩展到大功率激光应用，如激光切割机。大族激光产品的应用领域可涵盖航空航天、汽车和太阳能等产业。该公司的激光切割机已用于中国商飞公司自动化生产线上的大型零件加工。目前，大族激光已经开发了 200 多台工业激光设备，应用范围涉及各行各业。

海利得的案例很有趣，因为它表明中国的隐形冠军开始向价值链上游移动。海利得是一家在深圳上市的公司，于2001年在浙江成立。它的主要产品是高度细分的，包括涤纶工业长丝、塑胶材料、轮胎帘子布。涤纶工业长丝主要应用于汽车安全气囊，海利得占据了该材料全球市场份额的90%。其气囊纱的制造方法在中国国内尚属首创。海利得是成功实现国家重点新产品——气囊纱的开发和商业化生产的企业之一。该公司在轮胎帘子布方面也取得了突破性进展，已获得米其林（Michelin）和住友（Sumitomo）的认证，同时其高端数码印刷材料和影院银幕也处于行业领先地位。由于海利得专注于利基市场，并长期处于市场领导地位，它几乎没有多少增长空间。自2011年以来，海利得的收入一直没有增长，它也没有进行市场扩张。然而，该公司的利润率则从2011年的16%大幅提高到2016年的25%。尽管它的产品范围依然有限，但该公司通过改进产品和生产工艺，降低了成本，提高了绩效。

总而言之，中国的隐形冠军善于在相应的利基市场中增加产品种类或改进产品，以此保证持续的产品创新。隐形冠军利用了其强大的研发能力和国内市场中的快速增长。此外，正如下面几节将要展示的，它们也利用了"隐形"优势和全球创新机会。

利用"隐形"优势

这些隐形冠军之所以一直不为人所知，主要有四个原因：创始人比较低调，媒体曝光度较低，地理位置较隐蔽，同时仍保持"隐蔽"的战略意图。与许多回避投资，尤其不愿在股市上市的德国家族企业不同，中国的隐形冠军主动寻求融资，许多企业（如金风科技、海利得、大族激光、海康威视、蓝思科技、瑞普生物）在国内甚至国际资本市场上市。迈瑞医疗曾在纽约证券交易所上市，但在2016年实现了私有化。

　　隐形冠军的创始人通常为保持低调而不愿在媒体上抛头露面。相比于喜欢在各种媒体上宣传自己公司和管理方式的马云和张瑞敏等人，隐形冠军的创始人更注重商业和运营。在新兴经济体的隐形冠军中，外部融资主要用于推动增长。尽管这些公司具有公共属性，但对于消费者和国际受众而言，它们在很大程度上仍然是隐形的。

　　我们对这些公司媒体曝光度的研究揭示了其隐形状态，如图 3.1 所示。我们考察了以下三点——员工数量，国际金融、投资媒体上的曝光度（谷歌、前沿投资杂志《快公司》、前沿金融新闻门户《金融时报》），国内金融、投资媒体上的曝光度（百度、前沿投资媒体《投资界》、前沿金融新闻门户《财经》）。图中纵坐标为对数坐标轴，[①] 数值为各平台的点击量。

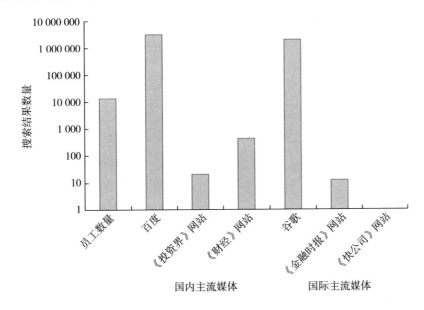

图 3.1　隐形冠军的媒体曝光度

资料来源：作者数据库，检索日期 2017 年 5 月 10 日。

---

① 对数坐标轴是分度不均匀的坐标轴。——译者注

我们样本中的隐形冠军平均有 14 000 名员工，但与先锋企业相比，它们的知名度较低。这些企业在国内专业媒体上平均出现几百次，在国际上大多是隐形的。即使在像百度和谷歌这样大众的搜索媒介上，它们也只有 200 万到 300 万的搜索量，而这仅仅是先锋企业的 3%~5%，尽管它们和先锋企业之间的成立时间相差不大。曝光最多的隐形冠军是海康威视，可能是因其近些年在消费市场上发展较快。海利得和瑞普生物则是最为低调的公司，尽管它们具有公共属性。

这些公司隐藏自身的另一个方式是地理位置。我们调查 53 个已知的隐形冠军的地点时发现了一个有趣的规律。[6] 这些隐形冠军都有三个突出特点：首先，隐形冠军分散在全国各地——北方、东南沿海、内陆省份（如河南、湖北、湖南）、较发达地区（如江苏、浙江）、欠发达地区（如河南、辽宁）。其次，大多数隐形冠军并不在北京、上海等一线城市。在浙江的 9 个隐形冠军中，只有 1 个在繁华的省会城市杭州，而在广东省也只有 1 个隐形冠军在省会广州。最后，深圳和浙江，作为企业创业和私营部门发展的传统重镇，表现突出。

另外需注意的是，许多隐形冠军的战略意图就是保持"隐形"。正如我们的研究表明，中国的隐形冠军宁愿做小池中的大鱼，也不愿在鲨鱼环伺的大海中做一条小鱼。[7] 它们有意避免大规模扩张，只关注自己的利基市场和特定产品。它们目光专注，但不断创新，并非为了追求更高的绩效，而是希望为客户增加更多价值。创新通常会降低产品成本，从而提高利润。此外，大多数隐形冠军对战略合作、并购、外包和特许经营都很谨慎。它们更喜欢亲力亲为，这体现在它们早期研发能力的发展和知识产权体系中。

隐形冠军通常不被消费者注意，但在其直接客户中有着很高的品牌声誉。事实上，这些公司确实在推销自己，但主要是针对直接客户，这样就避免了引起外界的注意和不必要的干扰。考虑到它们专注于持续的产品创新，提升自身研发能力，隐藏也或多或少是必要的：与在大众市场竞争的公司相比，在利基市场中脱颖而出需要更长的时间。直接竞争的压力越小，建立公众形象的需求越低，就越有精力来建立可持续的竞争优势。这与快速增长的消费者导向型企业如滴滴出行、今日头条（第五章介绍的创变者）显著不同，后者在短时间内增长迅速。尽管创始人的低调和公司地理位置的不便限制了它们的知名度，但在某种程度上，对利基市场的全球市场领导者来说，这也是一个有商业意义的战略选择。

全球创新者

在海外创新的中国企业越来越多。思略特管理咨询公司的调查结果显示，超过80%的受访中国企业打算在未来10年向海外扩张。[8]这一结果符合中国对外直接投资（OFDI）强劲增长的总体趋势。自2003年以来，中国对外直接投资大幅增长，年均增长率超过80%。2014年，中国的对外直接投资占全球外商直接投资（FDI）总额的10%，而占全球外商直接投资流入量的8%。[9]以华为和海尔等公司为首，中国的先锋企业已经开始走向全球。

除了中国创新领军企业在海外的扩张，2014年中国创新调查显示，超过三分之二的受访中国企业打算在海外扩大市场和研发。[10]也就是说，隐形冠军正在全球化。我们的研究评估了7个隐形冠军的全球化，总结在表3.3中。

表 3.3　7 个隐形冠军的全球化

	金风科技	海利得	大族激光	海康威视	蓝思科技	迈瑞医疗	瑞普生物
成立年份	1998	2001	1996	2001	2003	1991	1998
进入海外市场的年份	2004	2005	2011	2007	2003	2000	无法获取
海外子公司或分支机构数	4	2（以及代理商）	13（包括12个代理商）	28	3	42	代理商
海外市场收入占比	8%	70%	11%	29%	85%	50%	极其有限
是否有海外投资	是	否	是	是	是	是	否
国家和地区	全球（除东南亚外）	全球	全球	全球（100个国家）	欧洲、日本、韩国、美国	全球	埃及、约旦、巴基斯坦、菲律宾

资料来源：作者的研究。

　　第一，大多数隐形冠军在成立后，通常会在 5 至 10 年内，以相对较快的速度在国际上扩张。它们主要经营利基市场，因此国际化需求十分强烈。然而，中国企业拥有相对较大的国内市场优势，我们的研究表明，这些隐形冠军首先会迅速地占领这一市场。第二，大多数隐形冠军在海外设立了多家子公司或分支机构，最多的拥有 40 余家海外分部。此外，许多隐形冠军还拥有强大的海外代理机构和当地分销网络。第三，尽管这些公司平均而言仍很年轻，但其中许多公司的大部分收入来自国际市场。海利得、蓝思科技以及迈瑞医疗等公司主要活跃于海外市场，而金风科技、大族激光和海康威视虽然将重点放在国内市场，但它们的海外收入的贡献也在迅速增长。第四，隐形冠军在海外投资和收购公司，如下文中的迈瑞医疗和海康威视。第五，隐形冠军在国际上广泛撒网，活跃在非洲、中东以及南美等大多数地区。

隐形冠军的国际扩张方式各不相同。有些直接进行绿地投资，[①] 而有些则更为谨慎。举例来说，迈瑞医疗和海康威视在海外大举扩张，拥有数十家子公司或分支机构，其总收入的30%到50%都来自海外市场。它们国际化的方式是相似的。例如，它们都是从借助贸易展览会出口产品页开始，然后迅速建立海外分支。海康威视在荷兰建立了第一家子公司，10年后，它在100多个国家的市场建立了28个子公司或分支机构，包括在北美的两个研发中心。迈瑞医疗的第一批子公司于21世纪初在美国设立，现在它有42家子公司，覆盖了全球大部分市场。在进入美国市场之前，迈瑞医疗在美国开设第一家子公司的最初目标主要是拉美市场。迈瑞医疗与海康威视都收购了一家海外公司。2016年，海康威视收购了一家英国入侵警报公司SHL（Secure Holdings Limited），该公司有成熟的传感器和检测技术，以及一条入侵警报系统生产线和一个欧洲市场的知名品牌。2008年，迈瑞医疗斥资2亿美元收购了一家美国病人监护设备公司Datascope，其目的是向中国市场之外扩张。

与迈瑞医疗和海康威视不同，金风科技的国际化方式更为谨慎。首先，2004年，该公司在海外迈出的第一步不是通过子公司或代理商，而是与德国风能发电企业Vensys展开研究合作。它们共同研究了被称

---

① 绿地投资又称创建投资或新建投资，是指跨国公司等投资主体在东道国境内依照东道国的法律设置的部分或全部资产所有权归外国投资者所有的企业。——译者注

为永磁直驱（PMDD）风力发电机的前沿技术。2016年，在第一款原型机研发成功后，金风科技在德国注册了一家新公司——金风风能。一年后，金风科技收购了Vensys公司70%的股份，也就得到了这项核心技术。

其次，2009年金风科技在美国启动了首个项目。2010年该公司在芝加哥设立了美国金风，作为金风科技的全资子公司。第二年，它进入非洲和南美市场，后来又进入了澳大利亚和泰国市场。金风科技还在南美建立了一个新的团队，同时智利和巴拿马市场仍直接由芝加哥的美国金风提供服务。最近，金风科技收购了得克萨斯州的两个项目，其总装机容量为300兆瓦。2017年，金风科技从伯克希尔哈撒韦能源公司（Berkshire Hathaway Energy）旗下一家子公司和花旗集团，获得了1.4亿美元的税收股权融资承诺。这两个项目完成后将成为金风科技迄今为止在美国最大的项目。

最后，因为金风科技坚信人才基础的国际化，所以它国际化的下一步就是人才。例如，该公司目前的人力资源总监是马来西亚人，而首席技术官是德国人，其海外子公司的总经理都是在当地招聘的。金风科技的下下一步是在世界各地设立更多的子公司。总之，金风科技的国际化模式是，首先将其技术和产品国际化，而不是像海康威视和迈瑞医疗那样大举投资设立海外分支。

隐形冠军的启示

大多数商界人士对中国的这些隐形创新冠军都比较陌生。虽然它们起源不同，但它们的增长、研发能力、产品创新能力都很强。在大多数情况下，这些隐形冠军在自己的深耕领域，悄无声息却又影响深远地成为全球创新者。它们有 5 个方面尤其突出：

根源迥异的快速增长：尽管隐形冠军有着不同的根源和发展战略，但它们都有一个共同点——快速增长。与德国的隐形冠军相比，[11] 中国的隐形冠军成长为国内和全球市场领导者的时间要短得多（10 年左右）。德国的隐形冠军都是家族企业，平均有着一百年的历史，并缓慢成长为市场领导者。它们更看重稳定和生存，而非增长速度，而中国的隐形冠军更看重速度和增长，并迅速从不起眼的"草根"中崛起。

强大的研发能力：中国的隐形冠军将研发作为战略重点。这些隐形冠军在研发上的投入和已建立起来的研发能力，甚至令跨国企业的高管们都大吃一惊。尽管不同行业的研发投入因行业特性不尽相同，但总的来说，它们都致力于发展本土研发能力，为其在中国和世界其他地区的竞争中创造可持续优势。

持续的产品创新：中国的隐形冠军善于在利基市场中增加产品种类或改进产品来保证持续的产品创新。这些隐形冠军利用了其强大的研发能力和国内市场的快速增长。与德国的隐形冠军相比，廉价劳动力供应以及中国三、四线城市的地理位置，使得它们在成本控制方面的压力较小。中国的隐形冠军并不专注于高端消费市场，而是在中端市场进行升级，这也不同于德国的隐形冠军。因此，与德国企业相比，它们在流程方面的创新更少，而在产品方面的创新更多。

利用"隐形"优势：这些隐形冠军能够保持低调主要有四个原因，即低调的创始人、有限的媒体曝光度、隐蔽的地理位置，以及保持"隐形"的战略意图。它们的经营方式与许多回避投资尤其是不愿上市的德国家族企业不同。中国的隐形冠军主动寻求融资，其中许多企业在国内甚至国际资本市场上市。外部融资极大地刺激了它们的增长抱负，这种壮志凌云也是新兴经济体中的企业所特有的。

全球创新者：中国的隐形冠军正在全球化。尽管国内市场庞大，但大多数隐形冠军在成立后，通常会在 5 至 10 年内以相对较快的速度进行国际扩张。不过，它们进行国际扩张的方式各不相同。例如，金风科技的做法是首先将其技术和产品国际化，而不是像海康威视和迈瑞医疗那样通过大举投资海外分支机构进行扩张。然而，中国的隐形冠军仍然没有德国隐形冠军那么全球化。表 3.4 总结了中国和德国隐形冠军之间的差异。

表 3.4　中国与德国隐形冠军比较

	中国隐形冠军	德国隐形冠军
企业平均年龄	25 年	100 年
所有权	大多为上市公司	大多为家族所有
市场定位	中端市场	高端市场
人才培养	自主发展的从业者	学徒制
管理团队	创始团队	专业经理人
主要目标	增长和速度	生存和稳定
国内市场规模	大	小

从创新人才的角度来看，中国的隐形冠军也值得注意。首先，德国的学徒制始终保障着人才的发展，但如今中国并没有这样的制度。因此，中国最优秀的从业者要么在少数顶尖大学接受教育，要么在海外接受教育。其次，中国的教育资源高度集中在一线城市和前二十左右的高校。然而，大多数中国隐形冠军并不位于一线城市。最后，由于隐形冠军大多不为广大公众和学生群体所知，它们很难吸引到顶尖人才。

从传统的管理和人才角度来看，很难解释它们为何能迅速崛起，并成为市场领导者。这些隐形冠军在人才培养方面实施一种差异化战略。一方面，顶尖人才不会被一个不知名、仍在上升期、地处偏远且看起来普普通通的公司吸引。另一方面，隐形冠军并不聘用顶尖人才，而是专门招聘踏实、忠诚、技能娴熟且能在公司内部长期发展的员工。它们期望聘用的不是颠覆性的精英思想家，而是与创始人和公司本身相似，踏实肯干，并且愿意长期致力于为客户提升产品价值的人。这种人才培养的方式明显区别于其他类型的公司，同时，也给公司带来了明显的成本优势。

第四章
黑马企业：低调的科技企业

谁是黑马企业

黑马企业通常是中小型企业，即年营业收入不足 6 000 万美元或员工不足 1 000 人（根据中国工业和信息化部的标准）。这些企业一般成立于 2000 年以后，以创新技术为动力，拥有核心知识产权。我们的实证研究揭示了这些中国黑马企业的 5 个显著特征：

精英企业家：黑马企业通常是由具有顶尖科技教育背景的"海归"企业家创办。

较早的国际接触：黑马企业通常在创业早期就通过国际市场开拓、海外技术合作、国际创新网络与资源的协同等展现出其国际化视野。

低调行事：黑马企业的市场知名度不高，且这些企业大多数是成立时间不长的小公司。

尖端科技：黑马企业的竞争力体现在尖端科技上，它们的发展动力往往源于技术和科技进步，而非客户和工程解决方案。

利基创新者：黑马企业通过将新产品与新流程、新商业模式结合起来，在 B2B 利基市场（全球范围）中进行创新。

尽管商业评论员和学术研究者都倾向于关注和谈论大公司（如阿里巴巴、比亚迪、海尔和华为），但我们的研究表明它们只是冰山一角。通过广泛的调研，包括对中国企业及跨国企业高管的多次访谈，对现有资料（包括著作、媒体报道、评论）的研究，以及同管理人员、学术界在各种场合的研讨，我们证实了第三类企业（黑马企业）足以构成相当大的竞争威胁。对许多跨国公司和中国公司而言，识别（更不用说评估）这些中国低调创新者的庞大数量和潜力已是一个巨大挑战。

在这一章中，我们从各类技术领域、行业中选取了 12 家低调的科技企业（见表 4.1）。尽管完整详尽的黑马企业名单并不仅仅包含这 12 个案例，但它们仍反映了过往 10 年的发展历程，体现了中国政府支持的行业、投资者的关注点和市场的趋势。我们不提供科技预测，只是如实展示这些科技企业的现状与发展潜力。我们希望强调的是，中国有大量令人感兴趣的科技企业，而它们必定大有作为。

表 4.1　12 个中国黑马企业：低调的科技企业

案例	企业所在地	成立年份	科技领域	是否为世界首创
易能微电子	苏州	2011	集成电路设计	否
佳格天地	北京	2015	农业大数据	否

（续表）

案例	企业所在地	成立年份	科技领域	是否为世界首创
吉凯基因	上海	2002	生物科技	否
矩阵元	深圳	2014	区块链	是
巨哥电子	上海	2008	红外成像	否
码隆科技	深圳	2014	人工智能	是
瑞杰珑科技	杭州	2006	医疗健康	否
柔宇科技	深圳	2012	柔性显示屏	是
先临三维	杭州	2004	3D 打印	否
宥纳科技	深圳	2008	新材料	是
惟华光能	厦门	2010	光伏	是
纵目科技	上海	2013	自动驾驶	否

资料来源：作者的研究。

精英企业家

进入 21 世纪，中国出现了一批由"海归"精英企业家创办的新型科技企业。[1] 自 1978 年以来，中国已有 400 万名学生出国留学，而在已毕业的 280 万中国留学生中，有 80% 选择回国。可以说，论"海归"数量，中国比其他国家都要多。当然，并非所有的"海归"都是高水平人才。中国政府在 2008 年出台了一项政策，以吸引最优秀的人才回国。

自 2008 年以来，超过 4 万名高层次人才回国就业。在此期间，教授级"海归"人数，是 1978 年至 2008 年期间海归总人数的 20 倍以上，这也形成了自新中国成立以来最大的海外归国浪潮。根据官方统计，在国家重点科研项目中，70% 以上的项目负责人是"海归"，² 中国科学院和中国工程院的大量院士也都是"海归"。目前，全国共有 300 多个"海归"创业园，园内累计有 2.4 万家企业。

　　中国将这些"海归"，置于与国内金字塔顶端的毕业生（无论是通过大学还是公司培养）同样高的地位。不出所料，许多"海归"回国后成为企业家，并抓住了中国经济和中产阶层蓬勃发展的机遇。例如，惟华光能的创始人范斌毕业于清华大学，随后在瑞士洛桑联邦理工学院攻读博士学位；³ 宥纳科技的创始人栾玉成在吉林大学学习化学之后，也曾在欧洲留学，并取得了英国爱丁堡大学组合材料化学的博士学位。但更多的高水平人才是从美国留学回来的，例如，佳格天地的创始人张弓，在南京大学获得大气科学与气象学学士学位，以及在北京大学获得地理学硕士学位后，在美国犹他州立大学获得生态学博士学位。他的三位合伙人（王蕴刚、张文鹏和顾竹）也都在美国接受过高等教育。柔宇科技的创始人刘自鸿在留学加州斯坦福大学之前，毕业于中国顶尖高校——清华大学的电子工程系。此外，巨哥电子的创始人沈憧棐也是清华大学的毕业生，他后来前往普林斯顿大学攻读电子工程博士学位。

　　尽管他们有着相似的海外教育经历，但这些人创业的道路却截然不同。例如，范斌回国后创立了惟华光能，而刘自鸿最初在美国的 IBM 工作，张弓和刘自鸿一样，先在美国国家航空航天局（NASA）做研究员，而他的联合创始人王蕴刚曾是美国能源部国家实验室的研究员。沈憧棐不仅曾任职于美国的 Agere Systems（杰尔系统）和 Brion Technologies（睿初科技，属于 ASML 旗下）公司，还在硅谷创立了他的第一家公司 Transvision Microsystems。这家公司利用微电子机械系统

（MEMS）技术开发新颖的成像系统，可为夜视、热成像、安保、消防和汽车应用提供清晰的图像。回国一年后，沈憧棐在清华大学担任教授期间创办了巨哥电子。栾玉成在回国创办企业（宥纳科技）前，曾在深圳为英国公司 Sciford（圣弗德）工作，该公司是一家化学化合物应用设备制造商。

但是，并不是所有的黑马企业创始人都接受过海外教育。中国有2 529 所大学，其中包括 39 所一流大学（"985 工程"大学）。中国大学自有一套排名系统，学生根据他们的高考成绩进入不同的大学。平均每年有 900 万学生参加高考，但最终只有大约 0.3% 的学生能够进入排名前十的大学。就全球影响力而言，这些大学已被列入世界百强大学，尽管它们通常只有少量的国际学生。

例如，吉凯基因的创始人曹跃琼在上海复旦大学获得生命科学学位，易能微电子的创始人吴钰淳 2007 年毕业于清华大学微电子专业，纵目科技的创始人唐锐 1999 年毕业于清华大学电子工程系，瑞杰珑科技的创始人李响拥有浙江大学电路与系统方向的电气工程学博士学位。曹跃琼在创立公司前曾供职于中国的一家本土企业。吴钰淳在美国为电子产品分销商亚德诺半导体（ADI）工作了 4 年。唐锐在创立纵目科技前，曾在海外多家公司工作 10 余年。李响早在获得博士学位前就创办了自己的公司，因而从未在其他公司工作过。李响一直梦想成为一名企业家，他在大学期间就是浙江大学未来企业家俱乐部的成员，后来也成为该俱乐部的主席并发展出其个人特色。2006 年，他还是学生的时候就和两个朋友一起创办了瑞杰珑科技。黄鼎隆，码隆的联合创始人之一，在清华大学获得人机交互博士学位。黄鼎隆在 2014 年与美国联合创始人马修·斯科特（Matthew Scott）创立公司前，曾在微软、腾讯和TripAdvisor（猫途鹰）工作。马修·斯科特毕业于波士顿大学，是拥有超过60项计算机科学专利的顶尖科学家。码隆开发了一个突破性的深度学习与计算机视觉技术的商业应用。最后，矩阵元的创始人孙立林毕业于北京航空航天大学，并拥有武汉大学测绘遥感信息博士学位。在成立矩阵元之前，他供职于中国银联。矩阵元是全球分布式账本技术的领导者，致力于在数字化时代提供分布式可信数据交换及协同计算服务。

这些新兴精英企业家，通过将科学技术引入市场而区别于一般的模仿者或商人。这些创始人虽然并不都是具有顶尖科技教育背景的"海归"，但他们在创办科技企业前都接受过高水平的精英教育。

较早的国际接触

"中国走向世界"的趋势通常与大型企业、国有企业有关，尤其是在过去10年中，中国政府加强了"走出去"的政策。这些政策拥有多重目标，包括帮助中国企业收购战略资产，发展具有国际竞争力的"全球冠军"企业，获得海外资源，克服国内经济中的激烈竞争、产能过剩问题，获取先进技术以规避竞争劣势，以及获得品牌和管理知识，等等。[4]我们研究发现，黑马企业通常在创立初期就接触了国际市场。本节将讨论这些企业参与国际市场的各种方式，包括合作、原始设备制造（也称代工生产）、海外市场、国际推广和试点项目。

2010年，在当地政府的支持下，惟华光能在厦门成立。它的创始人范斌是"千人计划"中的一员，同时也是国际知名科学家。因此，惟华光能有国际视野也就不足为奇了。惟华光能早期专注于研发，并获得了多项发明专利。到2013年（在惟华光能拥有商业产品之前），德国化工巨头默克公司（Merck）与惟华光能建立了联系，并在同年10月与惟华光能达成了战略合作伙伴协议：默克将提供先进材料并授权惟华光能使用相关专利。

与惟华光能不同，纵目科技从一开始就专注于为国内客户开发并商业化高质量的先进驾驶辅助系统（ADAS）。经历了几轮融资并在中国场外交易市场成功上市之后，纵目科技与高通建立了国际合作关系。在2017年拉斯维加斯举办的国际消费类电子产品展览会上，这两家公司联合推出了最新的先进驾驶辅助系统，该原型系统融合了高通的骁龙820A处理器和深度学习技术，纵目科技也自此开始将公司定位从先进驾驶辅助系统转向自动驾驶技术。

瑞杰珑科技也选择了一条不同的路。在2007年的一次国际贸易博览会上，创始人李响遇到了一位加拿大客户。同年早些时候，瑞杰珑科技已经研发了两项技术：光学字符识别（OCR）和语音合成（TTS）。基于这些新技术，该公司的10名员工在2007年推出了8款产品。2007年底，他们与那位加拿大客户签订了一项开发、生产视觉辅助设备的合作协议。直到2011年，瑞杰珑科技的大部分销售都在海外。2011年，在瑞杰珑科技决定向海外销售自己的品牌产品时，它结束了与加拿大客户的合作关系。那时在全球范围内，还只有索尼和森泰克这两家日本公司能够开发低层次视觉、高清晰度（HD）的镜头技术。2014年，瑞杰珑科技收购了一家名为Zoomax的英国助视器公司，这后来成为它的海外品牌。

与瑞杰珑科技类似，先临三维很早就开始向欧洲、美国和其他海外地区出口产品，其客户包括阿迪达斯、博世、樱桃（Cherry）、海尔、海康威视、华为、英特尔、美的和娃哈哈等国内外跨国公司，清华大学和浙江大学等高校也在购买该公司的 3D 扫描仪和打印机。先临三维活跃于 20 余个海外市场，并于 2017 年在美国、德国设立了分支机构，公司计划到 2022 年将海外收入占比提升至公司总收入的 50%。

在人工智能技术领域，码隆科技于 2017 年开始向海外扩张，而此时公司成立仅 3 年。同年，它从软银获得了 2.2 亿元的巨额投资。码隆计划参加一些人工智能竞赛，如谷歌的第一届"计算机视觉世界杯"（码隆获得了该比赛的 2017 年的冠军），来增加其在北美、西欧和日本的知名度。

一些黑马企业已在海外拥有一定知名度。例如，柔宇科技自 2012 年起在香港、深圳和硅谷运营其业务，并于 2014 年宣布开发出了世界上最薄的彩色柔性显示屏。自 2015 年以来，柔宇科技的创始人受到了越来越多的媒体关注并在 2015 年 9 月入选福布斯"中美十大创新人物"。一个月后，李克强总理考察了柔宇科技。在 2015 年拉斯维加斯举办的国际消费类电子产品展览会上，柔宇科技推出了基于柔性电子传感器的新型智能家居产品和弧形汽车中控，路透社将其评为 2015 年国际消费类电子产品展览会最佳产品。至此，柔宇科技已不大可能继续低调下去了，尤其在其 2016 年聘请了 R&B（节奏蓝调）人气歌手阿肯（Akon）担任公司首席创意总监之后。

一些黑马企业虽仍处于商业化的早期阶段，但它们已经开始密切关注海外市场。例如，佳格天地已经在澳大利亚、孟加拉国和蒙古国启动了若干个试点项目。2014 年，佳格天地在硅谷成立，迁址北京后其仍在美国保留了一个办事机构以调动创始团队在美国的全部资源。此外，佳格天地还积极参与各类海外交流活动。联合创始人王蕴刚在加利福尼亚大学发表演讲，希望借此招募可以"储存"在公司国际人才库中的国际实习生，以便进一步开发加拿大、墨西哥和美国等国际市场。

考虑到创始人的国际背景，这些企业能够活跃于国际平台也就不让人惊讶了。尽管规模小，产品商业化也还只处于早期推广阶段，但它们无疑正处在新趋势的最前端。与上一代企业家不同，新型科技企业越来越把目光投向中国以外的市场，其中一些企业可以说是"天生全球化"，因为它们的创始人熟悉国外环境，具有国际化的思维方式与雄心抱负。

低调行事

黑马企业通常有两个重要特征：一是相对处于不利地位，二是拥有克服困难取得成功的激情和决心。[5] 通过比较黑马企业与书中其他创新企业——先锋企业、隐形冠军和创变者的媒体曝光度，我们发现黑马企业往往不引人注意：它们在市场上的媒体曝光度或知名度较低（图4.1是黑马企业的媒体曝光度）。

黑马企业的员工人数最少（平均250人），国内、国际的曝光度也最低。它们通常不会出现在国际专业媒体上，在世界最大的搜索引擎——谷歌上出现的次数也非常有限。这些黑马企业全部加起来的点击量都不足20 000次（相比之下，本书的第一作者有36 000次的点击量，而第二作者有500 000次的点击量）。最令人震惊的是，即使在国内专业媒体上，这些黑马企业的曝光度也非常低，有60%的黑马企业几乎处于"隐形"状态。

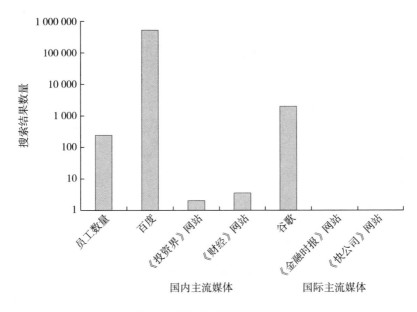

图 4.1　黑马企业的媒体曝光度

资料来源：作者数据库，检索日期 2017 年 5 月 10 日。

在我们的案例中，易能微电子的曝光度最小。一方面可能是因为这个企业还非常年轻，另一方面则可能是因为该企业专注于利基行业（电力电子工业设计），且创始人自身也非常低调。曝光度最高的是吉凯基因，它是我们样本中创立时间最久的公司，且已筹集到了风险投资。在创立时间较长的黑马企业中，先临三维在专业媒体上有一定的知名度，而这主要是因为该企业已进入场外交易市场筹集资金，并有望在不久的将来上市。柔宇科技已募集了几轮风险投资，因此出现在如《财经》这样的国内投资媒体中。根据一些估值公司的评估，柔宇科技已成为估值突破 30 亿美元的独角兽公司。

虽然公司成立年限会影响媒体曝光度，但起主要作用的是创始人的性格。像柔宇科技和佳格天地这样的公司都非常年轻，却比其他的黑马企业有更多的关注度。相比满足于自己的低调身份，柔宇科技则积极寻求媒体的关注，它还邀请了一位美国 R & B 人气歌手担任公司首席创意总监，李克强总理曾到该企业视察。不过，根据我们的数据，该公司的计划（通过参与国际竞赛以增加曝光度）在国际上尚未取得良好的效果，曝光度还不够高。对于这些想要与强劲对手较量的初创公司和小型企业来说，它们的劣势反而可能化为优势。不出所料，这些黑马企业很可能成为既有市场的竞争对手。

由于这是一个庞大的科技企业群，国内外冠军企业所面临的竞争威胁是显而易见的。第一，根据中国国家统计局数据，自 2016 年以来，每天都有 1.5 万家新公司注册，日均注册量比 2015 年增加了 3 000 家，[6]仅 2016 年就有 540 余万家新公司注册。第二，中国政府举办了全球规模最大的全国性科技企业竞赛——中国创新创业大赛。2016 年，该大赛举办了 33 场地区性竞赛，几乎覆盖了中国全部省份。[7]比赛聚焦六大领域：先进制造业、移动互联网、电子信息、新能源与环保、新材料和生物医药。仅 2016 年，这项比赛就吸引了超过 50 000 家新型企业，远高于 2015 年的 27 000 家。第三，若以专利注册数量来衡量，中国私营企业已是世界最强的发明创造者，它们贡献了超过 65% 的发明。第四，中国企业已成为世界研发支出最大的群体，2015 年它们的研发支出（名义上）超过 1 600 亿美元，占中国研发支出总额的 75% 以上。[8]中国的黑马企业不仅规模在不断增长，也正在向科技驱动的创新模式转型。

尖端科技

中国企业，尤其是小企业，很少被描述为尖端科技的引领者。但是，黑马企业不仅是科技引领者，也正在成为全球科技的领导者。过去10年，中国的专利申请数量和研发支出总额都有了显著增长。图 4.2 显示了中国在美国的专利申请数量，以及与印度、日本、墨西哥、韩国、美国相比的增长趋势。图 4.3 显示了中国与这些国家相比的研发支出情况。

事实上，专利和研发支出的井喷，不仅有赖于先锋企业和大型创新企业，也归功于黑马企业。电信、信息技术、电子产品、化工、汽车、互联网、数字产品、新能源等行业是科技发展的重点领域。2015 年有超过 1 500 家新公司进入新能源领域，包括太阳能、风能、生物能和水能等。其中，90% 的公司尚处于萌芽或生长阶段，虽然它们不如先锋企业拥有那么多的专利，但黑马企业家们的集体努力和成果不容忽视。下文，我们将讨论中国发展迅速的六项科技——光伏技术、遗传技术、人工智能技术、显示技术、新材料技术和农业技术。

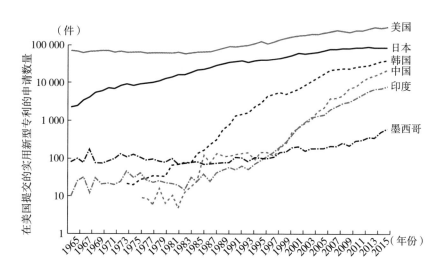

图 4.2 在美国提交的实用新型专利申请数量

资料来源：美国专利与商标局，2018 年 2 月 1 日访问，https://www.uspto.gov/patent。

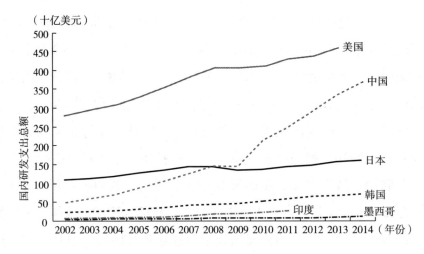

图 4.3　各国国内研发经费支出

资料来源：经合组织，《国内研发经费支出：按来源和执行部门分》，2018 年 2 月 1 日访问。

第三代光伏电池技术：惟华光能

中国企业在第三代光伏电池的研发技术中处于前沿。第一代光伏电池是以晶体硅为基础，几乎完全由德国、日本和美国研发。到 2016 年，中国光伏行业巨头——天合光能，虽仍以晶体硅为主导，但已成为世界最大的公司之一。第二代光伏电池以薄膜技术（如铜铟镓硒、碲化镉和砷化镓）为基础，也主要由第一代国家（德国、日本和美国）研发。第二代光伏电池比晶体硅更易生产，但效率较低，中国企业已经采用了这项技术，并能够生产出各种类型的薄膜电池。第三代光伏电池通常由有机化合物构成，但在实验开发初期、尚未大规模商业化，也有由无机化合物构成的。惟华光能正在开发一种基于钙钛矿结构化合物的第三代光伏电池。

范斌在 2010 年于厦门创立了惟华光能，依靠当地政府投入的 300 万元启动资金建立了占地 500 平方米的工厂。在公司早期，创始人范斌（一位发表了多篇学术论文的科学家）带领他的团队专注于研究、开发，并申请了数项专利。2013 年，德国化工巨头默克公司与惟华光能开始合作，双方达成战略合作伙伴的协议。默克公司向惟华光能提供最先进的材料，并授权惟华光能使用默克公司的相关专利。到 2015 年 1 月，范斌和他的团队在实验室中生产了第一批钙钛矿光伏电池组件。同年 5 月，公司建造了世界第一条生产钙钛矿光伏电池的试点生产线，并开始进行大规模的平板铺展测试，8 月就达到了较高的电池效率。2015 年底，第一个户外发电站投入运行。2016 年，全球模块效率得到提高。惟华光能只有 50 名员工，它的总部设在厦门，它正在开发的，可能会是改变整个光伏产业的突破性技术。

惟华光能不是唯一一家正在改变新能源市场的公司。我们的研究共识别出了 150 余家拥有重要光伏电池技术知识产权的中国公司，并发现目前全球排名前十的光伏公司基本都是中国公司。此外，一大批新生力量，如厦门的惟华光能，正在改变光伏市场的前景。还有一家有意思的公司叫作龙焱能源，它来自杭州，成立于 2008 年。龙焱能源致力于开发和生产碲化镉薄膜模块，是全球为数不多的能够批量生产碲化镉薄膜的公司。其创始人之一吴选之是碲化镉薄膜领域的顶尖科学家，并在 2001 年创造了（碲化镉薄膜电池光电转换效率）世界纪录。[9]

遗传技术前沿：吉凯基因

中国的遗传学研究处于世界领先地位。北京华大基因研究中心成立于 1999 年，是人类基因组计划的关键测序实验室之一。华大基因通过成功地为熊猫、大米和蚕等动植物测序而常年占领新闻头条。《自然》杂志最近一期报告中总结了中国科学家团队在广州进行的基因工程研究，包括涉及伦理问题的"人类胚胎基因编辑婴儿"技术。[10]这虽事关伦理问题，但并不受强制性规定的禁止，像成簇的规律间隔的短回文重复序列（CRISPR）这样的技术知识在中国是可用的。事实上，宽松的法律规定在总体上创造了一个灰色地带，许多创业公司得以涌现。基因检测，是中国另一个备受争议的领域，创业公司如 360 基因和微基因等专注于为个人提供基因组检测服务。除了基因工程和基因检测，中国也一直在稳步发展大型基因研究数据库，并推进功能基因组学的进步（如发现疾病的基因基础）。像吉凯基因这样的公司通过运用这些数据和技能，成为该领域的领跑者，并为医疗科研提供了源源不断的动力。

吉凯基因已经建立了中国国内最大的慢病毒库①，拥有几乎覆盖全部人类基因的近 150 000 个独立克隆体。该公司的研究还确定了数百个肿瘤特异性候选基因，公司与 300 多家医院、2 000 余名临床医生和科学家在癌症研究领域都有合作。例如，吉凯基因在 2016 年开始与上海长海医院合作开展临床研究（抗 CD19-CAR 慢病毒转导人 T 细胞），这项研究旨在为白血病开发一种免疫治疗方法。[11]尽管在创立初期，吉凯基因仅为医院和医生提供研发服务，但它现在已成功转型为一家从事转化医学的公司，并能迅速将研究成果转化为产品和服务以使患者受益。吉凯基因拥有超过 60 项发明专利，并有超过 2 500 篇学术论文被

①　慢病毒是逆转录病毒的一种，但区别于一般的逆转录病毒，它具有更广的宿主范围，对分裂细胞和非分裂细胞均具有感染能力。——译者注

科学引文索引（SCI）中的《自然》《细胞》等期刊引用。公司的 350 名员工中，有超过一半来自创始人曹跃琼的母校——复旦大学，40% 拥有硕士及以上学位。曹跃琼在遗传学领域具有世界级的技术与影响力，但她在商业和金融市场中却一直很低调，因为这家公司的核心是技术，而不是商业。

人工智能：码隆万里挑一

人工智能是自百度从谷歌聘请吴恩达加入"百度大脑"计划起，也就是直至 2014 年才开始为中国商界所熟知。作为百度搜索引擎中的一个关键词，人工智能自 2016 年初起开始飞速发展。自那时起，凭借着一批研究"深度学习"（人工智能的核心技术之一）的科学家，中国成为在该领域期刊发文的佼佼者。2015 年，中国被引用的期刊论文数量（被引用至少一次并提到了"深度学习"这个术语）超越了美国。此外，2010 年至 2014 年，中国专利申请数量增加了 180%，达到 8 410 件，美国的专利申请数量为 15 317 件。过去 10 年中，中国已成为人工智能领域的第二大国家，远超欧洲、印度、日本、韩国等国家和地区。中国国务院印发的《新一代人工智能发展规划》，表明了中国致力于成为全球顶尖人工智能创新中心的目标。[12]

中国人工智能领域的主导者无疑是百度、阿里巴巴和腾讯。在大数据、基础设施、资本和人工智能人才的驱动下，这三家公司处于"全力发展人工智能"的优势地位：百度拥有各类应用程序，包括人力资源、自动驾驶汽车和搜索；阿里巴巴拥有阿里云自主研发的超大规模通用计算操作系统"飞天"（Apsara）；腾讯拥有超过 70 名顶级人工智能科学家的人工智能实验室。在这三家公司的带动下，其他拥有丰富数据的企业（如滴滴出行和美团点评），以及一系列高新技术企业（如语音识别和计算机视觉领域的码隆）也都取得了成功。

码隆的两位联合创始人是在微软工作时认识的。2014 年，他们看到了科技发展的大趋势。公司在深圳注册成立时，已是深圳第 100 万家公司。码隆最初的研究重点是柔性材料图像识别，这是一种比静态目标识别更复杂的图像识别方法。它的第一个原型产品开发于 2014 年，名为 StyleAI（一款通过服饰照片了解服饰穿搭的应用）。创始人和当时的小型团队参加了全球人工智能竞赛，并入选了微软在北京的创投加速器项目。2015 年，该公司从微软创投加速器项目中成功孵化。2016 年，码隆获得了微软"最佳人工智能先锋奖"，并因其人工智能技术获得亚马逊和英伟达（NVIDIA）的其他奖项。虽然码隆的第一款产品是以消费者为中心的，但其在 2016 年将重点转向了商业产品。码隆目前的主要产品是 ProductAI（一个自助式的人工智能视觉应用平台），通过公共云平台、私人云或嵌入式物联网硬件，它能为任一客户提供接近于人类视觉的商品识别功能。至 2018 年初，该平台已拥有超过 300 位商业客户，码隆也被《快公司》杂志列入"2017 中国最佳创新公司 50"名单。

中国涌现了很多人工智能科技企业，比如由人工智能驱动的医疗企业就有 80 余家。来自北京的面部识别服务领头企业——旷视科技（优步的供应商之一），击败了包括脸书、谷歌和微软在内的 15 家人工智能公司；[①]另一家发展快速、专注于深度学习开发的企业——商汤科技，完成了由阿里巴巴集团领投的 6 亿美元融资；西井科技 2016 年研制出了"西井大脑"，一个拥有 100 亿规模的"神经元"，通过公司自有的

---

① 此处是指旷视科技在 CVPR 2019（国际计算机视觉和模式识别 2019）挑战赛中击败了上述企业，斩获 6 项冠军。——译者注

深南仿生类脑神经元芯片运作的人脑模拟器。中国的人工智能行业因受益于庞大的数据库、人工智能人才、资本和政府的支持而迅速发展，它正成为一个追求新产品和新服务的大市场。

超薄柔性屏：柔宇科技

显示技术和超薄膜产业技术都掌握在少数几家全球性企业手中，目前最流行的显示器是薄膜晶体管液晶显示器（TFT-LCD）。有机发光二极管（OLED）显示器，无论是有源矩阵有机发光二极管（AMOLED），还是被动矩阵有机发光二极管（PMOLED），仍然很昂贵，在家庭或电子产品中并不常见。在全球范围内，开发和生产这类显示器的公司屈指可数，包括和辉光电（中国）、Japan Display（日本显示器）、LG、三星和维信诺（中国）。这些公司的资本投资规模巨大，而且通常有地方政府的投资，如上海和辉光电和江苏维信诺。技术壁垒高、大规模生产复杂是这一产业的特点，而柔宇科技则是中游显示技术开发和生产的新生力量。柔宇科技的上游供应商（无中国公司）基本上是 LG 和三星等公司，后者是少数几家具有议价能力的供应商。截至目前，已宣布建设 AMOLED 生产线的中国公司背后，都有强大的地方政府支撑或持股。柔宇科技的野心，是开发柔性 AMOLED 显示屏。这在中国还从未能实现，甚至在全球范围内也还未能成功地大规模生产。

柔宇科技是柔性显示屏、柔性传感器和智能设备技术的创新者，能提供屏幕解决方案并授权知识产权。柔宇科技的明星技术，是世界上最薄（0.01 毫米）的彩色柔性显示屏。2013 年 8 月，柔宇科技发布了第一款超薄可量产的柔性显示背板；2014 年，它研制出了世界第一款最薄彩色柔性显示屏；2015 年，公司启动柔性传感器和柔性显示模块量产线，同年，完成了 1.72 亿美元的 C 轮融资，并跻身全球独角兽公司俱乐部；2016 年，柔宇科技与中国移动、爱奇艺、李宁等国内企业达成合作。柔宇科技虽然还没能成功地大规模生产超薄显示屏，但已是全球技术领先者之一。

虽然目前还没有大规模生产柔性显示屏，但许多企业都在积极发展显示技术。例如，和辉光电在上海市政府的支持下于 2012 年成立，该公司只集中研发柔性 AMOLED 显示屏，并拥有自己的一条生产线。广州的新视界光电科技由华南理工大学与创维集团于 2010 年投资成立，专注于研发 OLED 显示技术，并在 2013 年宣布开发出第一款柔性 AMOLED 显示屏。不过直到 2016 年，该公司都还只是小批量地生产定制产品。

高性能纳米孔材料技术：宥纳科技

2014 年，在工业和信息化部发布《新材料产业"十二五"发展规划》两年多后，中国新材料产业规模已超过 2 000 亿美元，新材料产业在整个材料行业的占比虽不及 4%，但年均增长率接近 25%。[13] 中国新材料产业仍处于跟随和模仿阶段，但近年来传统材料与纳米技术的融合为突破性创新提供了机遇，而像宥纳科技这样的公司很可能将在中国产业转型中扮演关键角色。各种因素，如劳动力成本上升，低端制造业供大于求，研发投入有限，以及从生产型经济向消费型经济的转型，都要求中国制造企业进行产业升级。石油、电力和化工等领域的大型公用事业和资源提供商，正在寻找新技术以支持现有业务。为了应对庞大的市场需求，中国管道和工厂的热绝缘解决方案已有相当大的发展：2014 年大约生产了 130 亿平方米。[14] 经过 20 年的发展，该行业如今已包含各种各样的产品制造，如绝缘棉、膨胀珍珠岩、泡沫、防火纤维、硅酸盐、岩棉和聚氨酯。相比于这些传统绝缘材料，宥纳科技的纳米孔绝缘材料性能更好，被认为是新一代材料技术的组成部分。

自 2008 年创立于深圳，宥纳科技的创始人和他的团队就一直致力于技术研发和产品开发。2010 年，他们的第一条试验生产线建成于深圳；2011 年，在经过 3 年的研发投入后，宥纳科技取得了软银中国的种子投资，并在同年完成 A 轮融资；2012 年，基于长期战略的考虑，公司将销售和研发部门迁至上海，与 iStart（起点创业营）共享办公区域；2013 年，公司在苏州建立生产基地；2014 年完成了 B 轮融资以推动进一步的发展；截至 2015 年，宥纳科技发布了第四代纳米孔绝热材料产品（Thermal Saver）。公司下一步计划是进军潜力无限的建筑市场，紧跟该领域有关绿色建筑、低能耗建筑和城市可持续性发展的市场趋势。宥纳科技，这个仅拥有 50 位员工的公司，可以说是最不起眼的黑马企业。虽相比于化工、绝缘材料和建筑等领域的行业巨鳄，宥纳科技仍处于弱势地位，但它正在这些市场中大步向前，并越来越受欢迎。

农业技术革命：佳格天地

在美国和欧洲，有许多公司在为农业提供数据驱动平台和管理办法，包括无人机、地理信息系统（GIS），以及各种其他类型的气象和卫星数据。气象公司（Climate，2013 年被孟山都公司以 9.3 亿美元收购）、笛卡尔实验室（Descartes Labs）、Farm Logs（智能农场产品）和 Mavrix（摩威科技）等美国公司都是这个行业的领导者。然而，这些企业所采用的解决方案大多无法在中国直接适用。中国的耕地面积分散，与美国以及欧洲的大部分地区存在很大不同。此外，中国的许多农场都是独立经营的，而非大型农场（如美国）或合作社（如西欧）。张弓和他的三位联合创始人深知这些差异，并在研究具有中国特色的管理办法时充分考虑了这些差异。中国的农业人口正在减少，每个农民需要管理的土地总量正在扩大，中国目前的 20 亿亩耕地中有一半属于这种情况，[15] 因此该领域的市场机会相当大。

佳格天地的主要优势在于它可以获取来自中国和世界各地的原始卫星数据，包括 30 年的世界植被数据、50 年的气象数据。它还拥有处理数据的机器学习算法，以及大数据集成和分析技术。能够以一种有意义的方式处理、解释和可视化大量数据，是佳格天地的独特优势。目前，佳格天地已为 5 种作物提供了农业管理办法，包括玉米、干草、火龙果、马铃薯和水稻。公司的目标是将管理办法扩展至其他作物类型，如甘蔗等。佳格天地目前的客户是拥有约 1 000 亩土地的农民，据他们介绍，这些农民的生产力提高了 15%。

尽管中国市场仍是佳格天地的重心所在，但它也在其他几个国家（如孟加拉国、巴基斯坦和泰国）启动了试点项目，并计划进一步走向国际化。[16] 张弓希望将农业与金融结合，以开发出一种使投资者、保险公司和银行都能受益的风险评估工具，而这也将使佳格天地从一家农业技术公司转型成一家环保技术公司。虽然听说过这家年轻公司的人寥寥无几，但它很可能会成为中国农业格局的创变者。

佳格天地并不是中国农业科技领域的唯一参与者，这个领域还有其他两种类型的参与者：一类专注于空中数据，另一类专注于土壤数据，后者是来自物联网领域的公司（也包括有关农田传感器的公司）。例如，来自北京的东方生态（Insentek）成立于 1999 年，最初专注于水处理设备。它在 2011 年启动了农田传感器与大数据项目，并最终实现了土地探测。与佳格天地相比，东方生态的商业模式成本较高，更适合专门作物和专业用途。当然，除了以上这些高科技解决方案，还有许多其他企业都在农田管理和优化系统领域努力。例如，极海（GeoHey）是一家很有趣的公司，它专注于利用开源数据发展地理云平台；另一家名为易控的公司，致力于开发农田智能水资源管理。农业技术作为一个潜力无限的市场，还有更多的解决方案呼之欲出。

利基创新者

黑马企业专注于利基市场的新产品开发。在中国，我们看到越来越多的产品创新，但它们多为渐进式而非颠覆性的。中国国家统计局的一项调查显示，19% 的中国大型制造企业，会投资能够显著改进现有产品或开发新产品的项目，即能够实现产品创新的项目。[17]过去 10 年，强劲的经济增长和中产阶层消费者的崛起，推动了许多企业改进或生产新产品。颠覆性的产品创新往往来自先锋企业（如华为）或大型隐形冠军（如海康威视和宝时得），但我们的研究表明，黑马企业开发的新产品也同样具有强大的颠覆性。黑马企业的重点虽是新产品开发，但它们往往还会创新其中的流程和商业模式。由此产生的创新，相比于纯粹的产品创新，更加系统化，也更难复制。其中，两种类型的利基创新脱颖而出：产品—流程创新，产品—商业模式创新。

产品—流程创新：宥纳科技、佳格天地和纵目科技

在科技企业中，宥纳科技、佳格天地和纵目科技是融合产品创新与流程创新的典范。宥纳科技的产品创新基于创始团队对纳米孔材料

的研究和经验,纳米孔材料被认为是性能更好的新一代绝热材料。它的优点在于有机化合物热导率极低、无烟、挥发性低,并且具有无毒的安全特性。宥纳科技仅就这一类材料,就在中国注册了好几项专利。虽然目前的产品供应有限,但潜在的应用十分广泛。如果宥纳科技能够凭借高效能、低成本的解决方案成功进军建筑市场,那么它的影响力将会是颠覆性的。用创始人栾玉成的话来说:进入建筑市场最大的问题是成本问题……我们从配方、原材料、生产工艺、设备上都进行了多方面的创新,使得这种传统的产品成本节省了三分之一到十分之一之间。我们的产品不仅在结构上有创新,成本和商业流程也都得到了创新。[18]

同样,佳格天地的创新结合了产品创新(云计算农业平台)和流程创新(大数据驱动与机器学习)。佳格天地公开宣布进军金融领域——基于大数据分析的农业贷款、农业保险风险评估,也表明该公司在重新考虑将金融服务纳入其商业模式。佳格天地创新的关键驱动力是市场和客户,张弓在 2016 年曾说:关键不在于技术,而在于紧密地联系市场时,深刻地理解客户……技术的缺陷是可以解决的,但只有当技术跟得上不断变化的市场,技术才能得到有力的应用。[19]佳格天地的竞争策略从一开始就是颠覆性的,时间将会说明它会颠覆哪些市场。

和上述提到的两家公司一样,纵目科技在产品和流程上也都进行了创新,其重点是降低成本。例如,通过使用虚拟样车技术,导航车辆可与全景系统集成,从而大大节省了硬件的成本。纵目科技和其他黑马企业的高质量、高性价比产品,迫使原本在中国先进驾驶辅助系统领域占据主导地位的企业——Mobileye(一家在纽约证券交易所上市的以色列公司)在过去几年里将产品价格降低了约 50%。颠覆性的价

格让中国中端汽车品牌（售价在 30 000 美元左右），也能够负担起先进
驾驶辅助系统。

产品－商业模式创新：巨哥电子、易能微电子、先临三维

巨哥电子、易能微电子、先临三维，展示了科技企业是如何将产
品创新和商业模式创新结合起来的。巨哥电子的创新均是技术驱动的
产品创新，公司能够在满足广泛工业应用需求的同时提供定制化服务。
巨哥电子的创始人沈憧棐表示，公司的宗旨是既要满足当前工业客户
的需求，又要在合理的成本下为商业及民用市场开发足够好的产品。
巨哥电子希望让更多的消费者成为公司客户。这一点，从他们将目标
瞄准了更多消费产品（为家庭和户外应用提供安全解决方案）就可见
一斑。[20] 巨哥电子也是红外行业中最早采用"无生产线"模式的公司，
它将设备的制造外包出去，而不采用重资产的商业模式。上述创新优
势——种类繁多的产品、多元应用的范围经济、无生产线的生产模式，
以及足够好的成本创新，使巨哥电子在市场上颇具竞争力。如果巨哥
电子能够成功地为新商业用户提供低成本、中等质量的产品，那么它
无须进军军用市场，就足以颠覆目前这个规模尚小的商业市场。

易能微电子的早期创新主要包括商业模式扩展。2012 年，易能微
电子得到了昆山政府技术创新项目的基金以作为必要的资金投入和支
持；2013 年，它研发出了非隔离直流（DC–DC）转换器芯片；到 2014
年，也就是成立仅 3 年，公司已研发出大量芯片，积累了丰富的知识
和专业技能，销售额也超过 3 000 万元；2015 年，风险投资市场开始更
加关注这一行业，易能微电子也从当地一家风险投资公司获得了 1 000
万元的 A 轮融资；2016 年，获得了规模更大的 B 轮投融。自 2015 年

以来，易能微电子的芯片应用已经扩展到许多下游行业，它还为无线充电供应商推出了一项新产品解决方案。

除了产品创新，易能微电子还进行了流程创新，如快速且低成本地定制电源芯片：使用小尺寸，减少所需元件（相比模拟电源），控制软件，创建灵活参数并输出稳定。2015 年，易能微电子引入了自己的设计理念——可重构电源芯片（RPIC），这种设计理念使易能微电子能够根据消费者和商业客户的需求快速定制电源芯片。定制服务是电源芯片设计行业中一项有趣的商业模式创新，不过这需要建立在拥有核心技术优势（可重构电源芯片）的基础上。定制芯片的开发周期往往需要耗费两年时间，但易能微电子重新设计并模块化了芯片结构，使其在几天内就能够完成电源芯片的定制。[21] 虽然易能微电子的核心创新并不具有颠覆性，就像它所拥有的大部分实用新型专利所证明的那样，但新的设计理念使其有可能突破设计周期，在短时间内满足客户的多种特定需求，同时以一种低成本的方式快速定制电源芯片。

先临三维的第一个产品是深层水晶激光雕刻机，其最常见的应用是雕刻照片和图片。2005 年，该公司推出了激光雕刻控制软件3D-Engraving 和 3D-Camera；自 2007 年以来，先临三维一直致力于研发 3D 扫描技术，这也在之后成了该公司的核心优势并于 2008 年推出，同年先临三维进军工业制造领域；2010 年，先临三维又将业务拓展至医疗 3D 打印领域，并开设了 3D 打印服务中心；2011 年，中国科技部将其纳入著名的火炬计划，其成为国家火炬计划高新技术企业；2012年，先临三维获得了国家创新基金；2013 年，先临三维推出了第一台3D 打印机，同年，先临三维与杭州当地大学的教授徐铭恩合作成立了一家新公司——捷诺飞生物科技。捷诺飞专注于生物医学领域的 3D 打印技术、软件和新产品开发。[22] 先临三维的客户包括阿迪达斯、博世、海尔、海康威视、华为、英特尔等全球性公司，也包括清华大学、浙江大学等高校。

先临三维的核心技术是 3D 扫描技术，并围绕 3D 打印开发了一套完整的生态系统，包括服务、云平台、软件和硬件产品，这些创新均是由技术驱动的。2004 年，先临三维成为首批在高校助力下发展起来的公司之一。以 3D 扫描作为核心优势，先临三维开发了一系列产品，并对产品进行了或渐进式（如 3D 打印机）或颠覆性（如 2013 年开始的生物医学 3D 打印业务）的创新。先临三维的创始人李诚不是科学家，也不是科技企业家，他是一个典型的有远见的温州商人。公司虽然仅有 500 名员工（50% 属于研发部门），但先临三维以 3D 打印和其他几个利基行业为核心，已经建立了一整套商业生态系统。

黑马企业的启示

这些由技术驱动的黑马企业都是拥有尖端科技，且大多是低调行事的精英企业。这一类创新群体非常庞大，覆盖各式各样的技术领域。从我们的实证研究中，可以得出 5 点启示：

精英企业家：黑马企业，往往都由具有顶尖科技教育背景的"海归"企业家创办。进入 21 世纪以来，中国涌现了一大批由"海归"精英企业家创办的新型科技企业。他们回国后成为企业家，并抓住了中国经济发展和中产阶层迅速增长的机遇。尽管国际教育背景相似，但他们的创业道路却各不相同，有的在学生时期就开始创业，有的则是在国外公司工作一段时间后才开始创业。

较早的国际接触：黑马企业在发展的早期阶段就通过国际市场开

拓、海外技术合作、国际创新网络与资源的协同等，展现出其国际化视野。它们往往在成立初期就进入了国际市场，通过合作、原始设备制造、海外市场、国际推广和试点项目实现了国际化运营。

低调行事：黑马企业的市场知名度不高，且这些企业大多数都还只是年轻的小型企业。黑马企业有3个重要特征：在市场竞争中相对处于不利地位，拥有冲破重重困难取得胜利的激情和决心，以及低调行事的风格。虽然公司成立时间不长会影响其媒体曝光度，但起主要作用的是创始人的性格。这些黑马企业很可能突袭成功，成为在位企业的竞争对手。

尖端科技：黑马企业的竞争力体现在尖端科技上，它们的发展动力来源于技术和科技进步，而并非客户和解决方案。黑马企业正在成为全球科技的引领者，它们的集体努力和成果不容忽视。我们在光伏技术、遗传技术、人工智能技术、显示技术、新材料技术以及农业技术6项先进科技中，都发现了这些科技企业对高精尖技术发展所起到的推动作用。

利基创新者：黑马企业通过将新产品与新流程、新商业模式结合，在B2B利基市场（全球范围）中进行创新。黑马企业专注于利基市场的新产品开发，并致力于研发具有颠覆性的新产品。它们的重点虽还是在新产品的开发上，但往往伴随着流程和商业模式的创新。由此产生的创新，相比于纯粹的产品创新，更系统化，也更难复制。其中，两种类型的利基创新脱颖而出：产品—流程创新，产品—商业模式创新。

第五章
创变者：新生代企业家

谁是创变者

　　创变者是指市值超过 10 亿美元的独角兽企业，其发展得益于由数字技术驱动的颠覆性创新，它们往往都有巨额风险资本支持，成立时间一般不到 10 年。前面几章讨论了三类创新企业——先锋企业、隐形冠军以及黑马企业，本章重点讨论第四类创新企业——作为新生代企业家的创变者。此前的中国创新企业通常有制造业或者技术背景。而本章将会关注我们研究中的一组不同的创业者，他们是数字原住民，其企业的经营范围和所处市场并没有明确的行业界限。这些企业家不难被辨识，因为他们非常引人注目，且渴望获得关注。数百家创变者跻身人民币独角兽俱乐部，80 余家甚至成了美元独角兽公司。这个由数百名影响力强大的创变者组成的队伍正在不断壮大。我们的实证研究揭示了这些创变者的五大显著特征：

新生代企业家：这群年轻的创变者颠覆了传统的商业思维方式。

数字化颠覆性创新：它们用数字技术颠覆了传统行业的主导商业模式。

风险资本推动：来自国内外的专业机构和大公司的风险投资推动着创变者快速成长。

高曝光度：创变者非常善于推销其产品和服务，它们具有营销天赋，从一开始就为企业创造了很高的曝光度。

对速度的追求：这些企业发展迅速，相比于利润，更加专注于扩大用户基数和市场份额。

中国新生代企业家是真正的创变者。首先，他们利用数字技术重新定位传统行业的产品供应。这些年轻的创变者无所畏惧，抑或是没有意识到传统产业的复杂性与遗留问题，他们跨越行业边界进行创新。凭借着新颖的商业模式，他们颠覆了餐饮、金融、医疗、媒体和交通等传统行业。其次，这些企业家改变了竞争的游戏规则，他们通过低廉的成本不断开拓此前未被触及的市场，将曾经的非消费群体转化为用户，并逐渐超越在位企业。再次，这些企业家精通数字技术，获得了公众认同，并具有出色的营销能力。与华为的任正非和娃哈哈的宗庆后等以谦逊和低调著称的企业家不同，他们不害怕为公众所知。最后，他们采用了一种"用户至上，利润在后"的"超级增长"思维模式。受到风险投资的驱动，他们商业模式的重心是自身的增长和中国蓬勃发展的消费市场。

本章中，我们分析了 8 个创变者案例（见表 5.1）。这些创变者活跃在餐饮、电子商务、金融科技、医疗保健、本地服务、媒体以及交通等领域。一些创变者是估值超过百亿美元的超级独角兽，如滴滴出行、美团和今日头条。它们分布在北京、上海、深圳和浙江等地，这在我们的实证研究以及 8 个案例中也有所体现。这些创变者虽然很有前途，但毕竟还年轻，经验也有限。历史将告诉我们市场是否会发生颠覆，以及这些创变者是否可以持续创新。这些创变者中的部分企业，明显比其他企业发展得更为成功。最为重要的是，中国的创变者非常之多，在世界舞台上的地位不容小觑。

表 5.1　8 个创变者：新生代企业家

案例	企业所在地	成立年份	估值[a]（亿美元）	行业
滴滴出行	北京、杭州	2012	550	交通
饿了么	上海	2009	95[b]	餐饮
51 信用卡	浙江	2012	10	金融
美团	北京	2010	300	本地服务
摩拜	北京	2015	27[c]	交通
拼多多	上海	2015	150	电子商务
今日头条	北京	2012	300	媒体
微医集团	浙江	2010	15	医疗

资料来源：作者的研究。

注：a. 估值截至 2018 年 4 月。

　　b. 饿了么于 2018 年 4 月被阿里巴巴收购。

　　c. 摩拜于 2018 年 4 月被美团收购。

新生代企业家：第五代

创变者是新生代企业家。如表 5.2 所示，我们比较了五代企业家，并分析了他们之间的差异。创变者以其市场颠覆性和跨行业的特征而格外引人注目。

第一代企业家发家于原始设备制造行业，万向集团创始人鲁冠球便是很好的例子。他的企业是一家汽车零部件跨国制造商。万向集团的前身是鲁冠球的农机修配厂，但如今已在中国国内上市，并于2013年收购了美国最大的锂电池制造商A123系统公司。另一位与其相似的企业家是宗庆后，他是中国最大饮料生产商娃哈哈的创始人。他们当时都是冒着高度的政治风险而开始创业的。娃哈哈拥有3万名员工，其品牌已经实现国际化。这些第一代的先驱者是真正的"草根"企业家。

"92派"（泰康人寿创始人陈东升提出了这一概念）被认为是第二代企业家。1992年邓小平在南方谈话中公开支持私营企业之后，它们获得了明确的法律地位，很多公务员及科研院所的专业人员辞职下海，进入私营企业。1996年，冯仑成立了万通集团，这是一家从事房地产和资产管理业务的公司，总资产超过140亿元人民币（约20亿欧元）。冯仑曾在培养高级干部的中共中央党校担任教师，还曾在国家体改委下的体改研究所做体改研究工作。冯仑敢说敢言，其观点当时在中国青年改革者中很有影响力。

表5.2　中国的五代企业家

	代际	代表	出生年代	类型	行业	教育背景
第一代	先驱者	鲁冠球	20世纪四五十年代	"草根"企业家	制造业	受教育程度有限
第二代	"92派"	冯仑	20世纪60年代	原公务员	制造业、房地产、金融	大学，有政府工作背景

（续表）

	代际	代表	出生年代	类型	行业	教育背景
第三代	互联网	马云	20世纪70年代	市场缔造者	消费	大学
第四代	科技	范斌	20世纪七八十年代	技术工程师	高科技制造业	"海归"博士
第五代	数字科技	程维	20世纪八九十年代	颠覆者	多样	大学

资料来源：作者的研究。

　　第三代企业家是在信息技术革命的推动下诞生的，以创立阿里巴巴、百度和腾讯（BAT）的企业家为代表。马云在1999年创立了阿里巴巴电子商务平台，现在运营着世界上最大的B2B平台和最大的线上消费市场。它在美国的上市打破了美国历史上最大规模的首次公开募股纪录。在中国蓬勃发展的高科技产业中，BAT也是最大的投资者之一，为新生代企业家提供了动力。第三代互联网企业家是真正的市场缔造者。

　　第四代企业家创办了黑马企业，其发展受科学技术的推动。第四章介绍的惟华光能和佳格天地等企业，就是由第四代企业家创立的，这些企业家有着良好的海外科学和工程学教育经历。这些公司专注于技术创新，其创始人善于在早期发展中利用其国际经验。第四代企业家正在打破中国企业模仿而非创新的陈旧印象，他们一般都是科学家和工程师，尽管在市场上影响力不大，但他们为全球市场带来了尖端技术。

　　第五代企业家有时也被称为移动数字一代或"80后"，包括滴滴打车的创始人程维和聚美优品的创始人陈欧等。他们充分利用新兴的移动互联网社会，展示了不同凡响的商业思维。2012 年，程维在出租车行业掀起了一场革命；2010 年，陈欧改变了中国的化妆品行业。滴滴打车这个应用得到了腾讯集团的大笔投资。2012 年，陈欧登上福布斯排行榜，2014 年，他的公司聚美优品在纽约证券交易所上市。这些不同凡响的企业家通常只有二十出头，但是越来越受关注。美国国际数据集团（IDG，一家全球性风险投资集团）甚至为"90 后"企业家设立了一项特别基金。饿了么的创始人张旭豪就是一个典型的第五代企业家。

2009 年，饿了么由上海交通大学的一批学生创办，2015 年其已发展成为估值超过 10 亿美元的独角兽。出生于 1985 年的张旭豪来自上海一个成功的商人家庭。在家庭文化的影响下，他敢于冒险，在很小的时候就实现了经济独立，还有拳击和赛车等竞技爱好。他在上海交通大学学习建筑工程的时候，遇到了其后成为饿了么联合创始人的康嘉。因两人在通宵打游戏的时候常常会感到饥饿，所以经常叫外卖，并且对纸质菜单、选择范围受限、电话订购等不便感到不满。2009 年，也就是张旭豪 24 岁那年，他们决定改变这一状况，于是成立了饿了么。到 2015 年，张旭豪的成功已经远远超过了其家族的已有成就，他获得了《时尚芭莎》杂志的年度革新企业家称号。饿了么的员工平均年龄很小，只有 25 岁。

拼多多的创立者黄峥，毕业于浙江大学，曾在美国威斯康星大学麦迪逊分校计算机科学系学习。他曾在美国的谷歌工作，2006 年与李开复一起创办了谷歌中国办公室。一年后，他离开了谷歌中国办公室，创建了一个面向跨国公司的电子商务平台以及一家游戏公司。2015 年，在网易创始人丁磊、顺丰创始人王卫、OPPO 和 VIVO 创始人段永平，以及淘宝网联合创始人孙彤宇的支持下，他创办了社交电商平台拼多多。在由淘宝、天猫和京东占有最大市场份额并主导的中国电子商务市场上，他开创了一个新的电子商务平台。我们称这一代颠覆性的企业家为创变者。

新一代的企业家迎合了日益繁荣的中国消费市场。中国消费者已经成为全球创新的驱动力。在中国，"50后""60后""70后"被称为"老一代"，"80后""90后""00后"被称为"新一代"。"80后"和"90后"是"消费者"。"80后"引领着中国经济从投资为主到消费为主的成功转型。[1]与出生于20世纪50年代至70年代，在艰难的经济环境中长大的老一代人不同，"80后"的消费者要活跃得多，他们追求多样化的生活方式，追求高质量的产品和服务。未来5年，新一代消费者将占15岁至70岁年龄段人口的46%，这将有助于服务业在消费市场中获得更大的份额。新一代消费者和中上阶层一旦成为市场的主要消费群体，这将给国内品牌带来成长机会。[2]创变者正在利用这个机会。

数字化颠覆性创新

创变者利用数字化商业模式来颠覆已有的行业。截至2017年底，中国互联网用户超过7.5亿，而在2000年时这一数值仅是2 200万。现在全世界五分之一的网民是中国人。尽管增长率与绝对数值都很高，但是根据互联网在线数据统计，中国互联网的全民普及率仅为55%，与全球平均水平相当，低于美国的88%（2.87亿用户）。[3]移动互联网、制造业、市场数据和销售渠道的相互连通将是大势所趋。中国互联网络信息中心最近的统计数据显示，中国移动互联网用户超过6.8亿人（占网民总数的93%），而美国的移动互联网用户为2.25亿人（占网民总数的78%）。[4]虽然中国在互联网普及率方面远远落后于美国，但移动互联网的使用率高于美国。

移动互联网的高使用率带来了有趣的结果。例如，中国消费者对移动支付的接受程度远高于美国消费者，这得益于他们越过个人电脑支付而直接进入移动支付时代。[5]事实上，使用在线支付和使用移动支付的用户比例非常相近，约为60%。因此，中国在全球金融科技，尤其在移动数字解决方案的发展中处于领先地位不足为奇。例如，51信用卡于2012年在浙江成立，为消费者提供信用卡管理服务。那时，大多数中国的信用卡持有人拥有多张信用卡。该服务可以提醒用户还款的截止日期，并分析不同银行的信用卡的消费模式。这家公司后来转变成了网络借贷服务平台。凭借其庞大的用户基础和相关的用户数据，该公司在提供个人借贷服务方面具有很大优势。到2018年4月，该公司在首次公开募股前的估值超过10亿美元，并于2018年在香港联合交易所上市。

这些创变者不仅在短期内颠覆了金融业，也颠覆了许多不同的传统行业。例如，成立于2012年的今日头条，使用人工智能来提供移动新闻推荐服务。通过分析用户线上社交行为和个人信息，创始人张一鸣开发了新闻兴趣地图。他最大的竞争对手是腾讯新闻，腾讯是一家老牌互联网巨头，也是中国市值最高的公司之一。今日头条的成功并非源于早期的一线城市用户，其主要用户来自其他城市，尤其是30岁以下的年轻人——90%的用户来自一线城市以外的地方。到2018年，该公司市值超过300亿美元，拥有超过7亿的注册用户，活跃用户超1.4亿，他们平均每天要在今日头条上花费1个多小时。

张旭豪和他的同学完全颠覆了传统餐饮业。饿了么是一家物流服务提供商，同时也是一家类似易贝的餐饮公司。两位联合创始人一开始是为他们的同学收集大学校园内或校园附近小餐馆的菜单。在短短5年多的时间里，他们建立了一支庞大的快递队伍，在700多个城市为30万家餐馆提供服务。他们保证可以在你附近找到任何类型的食物，甚至

2 美元的饺子，然后把它送到你家。小餐馆突然有了销售渠道，在本地市场获得了广泛影响力。了解到饿了么的周边搜索功能、物流队伍以及庞大的用户群等优势后，大餐馆和连锁店也纷纷效仿，加入其中。

在高度饱和的电子商务市场中，拼多多专注于社交电子商务，提供针对三、四线城市的团购服务。随着中国欠发达地区交通逐渐便利，以及这些地区千禧一代的长大，拼多多发现了一个迅速扩张的利基市场。2018 年，该平台的影响力在中国仅次于淘宝。一年内，拼多多拥有了超过 100 万用户，每日订单 100 万，每月交易额达 10 亿元人民币。2018 年初，每月交易额达到 400 亿元人民币，是京东的三分之一。此外，该公司计划于 2018 年下半年在纳斯达克上市。无论是阿里巴巴还是京东都没有想到，在如此短的时间内会有一家新公司发展到这般庞大的规模。

另一个例子是微医，它成立于 2010 年，其初衷是为中国医院搭建一个在线诊疗网站。5 年内，它的业务范围覆盖了 1 600 多家中国医院、19 万名医生和 1 亿病人。这些患者会填报他们的就诊记录，进行在线咨询，并完成在线支付。微医还能提供完整的家庭医疗管理服务，包括保险和家庭医生，旨在成为一个负责任的医疗服务平台。这个创变者在中国的医疗体系中扮演的角色越来越重要，特别是在提供服务和客户体验方面，填补了许多空白。

大多数情况下，创变者并未在他们所从事的行业内创业。例如，今日头条的创始人张一鸣（出生于 1983 年）来自福建一个普通的家庭，对编程、计算机和阅读有着浓厚的兴趣。获得南开大学软件工程学位后，他开始为一家行业领先的在线旅游代理商酷讯工作，后来在微软中国工作。他意识到，作为一名创意型人才，在企业打工并不适合自己，于是决定创业。2012 年，他成功创办了今日头条，该企业如今已是中国领先的在线移动新闻门户网站。同样来自南方的摩拜创始人胡玮炜，于浙江大学城市学院毕业后成了一名记者。她在媒体领域积累了经验，并为几家当地新闻媒体机构工作，做了10年记者后，于2014年创办了摩拜单车。到2017年，摩拜成为中国最热门的创业公司之一，也是最受欢迎的共享单车公司，并开始向海外扩张。滴滴出行的创始人程维在创立滴滴出行之前也曾在企业就职。他出生于江西的一个小城市，在北京化工大学学习行政管理。他唯一就职过的企业是阿里巴巴，创办滴滴出行之前，他在那里工作了8年。受到阿里巴巴在互联网行业成功经验的启发，程维在数字企业中寻找机会。与优步的创始人特拉维斯·卡兰尼克（Travis Kalanick）一样，据说程维有过多次在北京的冷雨中等车的经历，这使其产生了开发一款出租车呼叫应用程序的想法。创变者所颠覆的传统产业，通常是那些他们并不熟悉的产业。

风险资本推动

2015年，滴滴出行获得了30亿美元的风险投资，超过了以色列、日本和新加坡风投行业的资本总和。滴滴出行并不是个例。同年，饿了么进行了第五轮融资，从中信产业基金、大众点评、京东、红杉资本和腾讯获得资金超过3.5亿美元。第六轮融资规模更大，为6.3亿美元。2016年，今日头条D轮融资从中国建设银行、红杉资本等机构筹集10亿美元。2018年，饿了么被阿里巴巴收购。表5.3整理了所选的8家创变者获得的全球风险投资。

在中国风险投资蓬勃发展的背景下（参见第一章），有大量的风险资本可供创变者使用，这并不令人惊讶。有几点值得注意。首先，创变者在成立之初就筹集了大量资金，在首次公开募股前就已完成多达数十亿美元的融资。其次，创变者在短时间内完成了多轮融资。摩拜尤其引人注目，该公司成立于 2015 年，到 2017 年已完成了五轮融资。再次，投资者包括各种各样的股东——国内和国际基金、国内科技巨头，以及国内的一些国有基金，如国开金融。51 信用卡可能是个例外，它主要吸引的是当地的风险投资。美团是唯一一家从传统机构投资者（加拿大养老金计划投资委员会）筹集资金的创变者。最后，国内科技公司发挥了重要作用。在一些机构和投资者圈子里，从 BAT 获得融资的创变者开始分属于不同的团体——百度系、阿里巴巴系和腾讯系。这三大互联网巨头是初创企业的重要投资者，对于创变者而言也不例外。2015 年，这三家公司的总投资额达到 300 亿美元，2016 年超过 800 亿美元。

表 5.3　8 家创变者获得的全球风险投资

案例	成立年份	估值（亿美元）	最后一轮融资金额（亿美元）	融资次数	投资方
滴滴出行	2012	550	45	F 轮（且有追加融资）	阿里巴巴、苹果、北汽产业投资、鼎晖投资、中投公司、中信产业基金、数字天空技术、金沙江创投、新浪微博基金、软银、淡马锡、腾讯
饿了么	2009	95	6.3	被收购	阿里巴巴、中信产业基金、滴滴出行、大众点评、金沙江创投、京东、经纬中国、红杉资本、腾讯投资
51 信用卡	2012	10	3.1	C 轮	洪泰基金、国信弘盛、天图投资、新湖中宝
美团	2010	300	40	F 轮	阿里巴巴、加拿大养老金计划投资委员会、国开金融、数字天空技术、泛大西洋投资、红杉资本、淡马锡、腾讯、今日资本、挚信资本

（续表）

案例	成立年份	估值（亿美元）	最后一轮融资金额（亿美元）	融资次数	投资方
摩拜	2015	27	6	被收购	贝塔斯曼亚洲投资、高瓴资本、愉悦资本、启明创投、红杉资本、创新工场、腾讯、华平投资
拼多多	2015	150	3	C轮	美国太平洋技术风险投资基金、红杉资本中国基金、腾讯产业共赢基金
今日头条	2012	300	10	D轮	中国建设银行、红杉资本、新浪微博基金
微医集团	2010	15	3.94	E轮	中国国家开发银行、复星、高盛、高瓴资本、腾讯

资料来源：作者的研究。

注：本表格中的估值与投资均截至2018年4月。2015年，美团与大众点评在美团主导下合并为美团点评（China Internet Plus）。我们追溯了合并前对美团的投资轨迹。滴滴打车和快的打车也在滴滴打车牵头下于2015年实现了合并。对于滴滴打车的融资轨迹我们一直追溯到其合并前。饿了么和摩拜在2018年4月被收购。

BAT投资了互联网相关业务，如线上订外卖和手机打车。它们还密切关注卫生、金融、文化和娱乐行业。它们对初创企业的大部分投资都是在企业刚刚起步的阶段，如A轮或B轮。相比之下，腾讯在游戏，如拳头游戏（Riot Game）和欧洲游戏社区（ZAM）、社交网络服务（SNS）、移动手机应用程序（如韩国聊天软件Kakao Talk、色拉布Snapchat和知乎），以及其他互联网相关业务方面投入了巨资，这些投资旨在巩固腾讯在移动业务方面的实力。

互联网领域的先锋企业也联合创建了新企业来颠覆传统市场。比如现在的滴滴出行就由三家公司合并而成。2013 年，年轻企业家陈伟星在杭州创立了快的打车公司。2013 年至 2015 年，阿里巴巴通过三轮投资，为快的打车大力撑腰。2012 年，另一位年轻企业家程维在北京创立了滴滴打车。从 2013 年到 2014 年，腾讯通过三轮投资，成为滴滴打车的股东。2015 年，两家公司合并成滴滴出行，阿里巴巴和腾讯共同对合并后的新公司进行了两轮投资。此外，2015 年 9 月，滴滴出行向优步在美国的主要竞争对手来福车（Lyft）投资了 1 亿美元，腾讯和阿里巴巴也对它进行了投资。这种紧密联系拓展了多种合作渠道，例如允许用户通过两个应用获得出行服务。滴滴出行也在东南亚扩张，投资了许多本土打车公司，如 Ola（一家印度打车公司）和 Grab（一家菲律宾打车公司）。传统出租车行业不可避免地被颠覆了。滴滴出行在 2016 年 8 月收购了优步中国。百度由此也卷入其中，因为它已经给优步中国投资了两轮。3 年之内，BAT（以及苹果等其他境外投资者）创造了一个超级独角兽，颠覆了中国的出租车市场。

另一个例子是美团点评（也称新美大），这是一个基于本地服务的餐饮平台，估值达 300 亿美元。美团成立于 2010 年，得到了阿里巴巴的两轮投资，而中国最早的消费者点评平台——大众点评网（成立于 2003 年），得到了腾讯的两轮投资支持。2015 年，两家公司合并为美团点评。到 2016 年，数字天空技术、腾讯和其他公司已经对其投资了 33 亿美元，这是腾讯和阿里巴巴支持创变者崛起的又一个例子。美团点评本身就成了佼佼者。2018 年 2 月，该公司新增打车业务，直接与滴滴出行竞争。2018 年 4 月，该公司收购了摩拜，从而成为中国出行领域的主要参与者。其最新估值超过 300 亿美元，这使得美团加入 BAT 阵营参与对顶级企业的角逐之中。

高曝光度

虽然这些创变者都是成立还不到 10 年的年轻企业，但它们比那些成立更久的黑马企业更具曝光度。事实上，它们也比规模更大且经验丰富的隐形冠军更加出名。企业家个人气质、对市场营销和公共关系的极端重视，或许是它们在早期阶段便能获得广泛关注的原因。这些公司在盈利之前就已经开始融资，高曝光度不仅是它们商业模式导致的，也是其发展所必需的。不断获得风险资本又进一步提高了创变者的曝光度。在本书中，他们是中国创新者中的"推销员企业家"。

不同于老一辈企业家，这些"80 后"和"90 后"的新生代创变者一开始就有远大的抱负和梦想。例如，今日头条创始人张一鸣是一位持续创业的企业家，曾被《财富》杂志评为 2016 商业先锋，他撼动了中国传统媒体的格局。他还登上两个榜单：《福布斯》中国 30 位 30 岁以下创业者和《财富》40 名中国 40 岁以下商界精英。2015 年，张旭豪已经超越了他的家族在此前获得的成就，被《时尚芭莎》杂志评为年度革新企业家。滴滴出行的程维被评为《财富》2016 年度全球商业人物，也出现在《连线》杂志的百强榜单上。这些企业家不可能没有曝光度，他们就站在聚光灯下。

曝光度高的另一个原因是，许多创变者很早就得到了中国互联网行业巨头的支持。例如，今日头条收到了周鸿祎的天使投资，此人是中国五大互联网集团之一奇虎 360 的创始人。51 信用卡接受了陈伟星的天使投资，他是快的打车的创始人，一位年轻的创变企业家，快的打车现已并入滴滴出行。胡玮炜接受了美团创始人、创变者王兴的天使投资。显然，这些创变者善于与有影响力的投资者和中国企业家建立联系。

我们还考察了它们在中国国内和国际主流媒体——综合类、金融、科技新闻门户网站的媒体形象。图 5.1 总结了几大主要发现。首先，创变者在国内和国际媒体上出现的频率，几乎与它们的"老大哥"先锋企业一样。其次，创变者的规模仍较小，平均约有 6 300 名员工。如果不计入美团，这一平均值会更低，因为美团拥有超过 35 000 名员工。再次，创变者在综合类媒体上非常引人注目，在百度和谷歌上分别有 4 500 万和 2 200 万的点击量。滴滴出行和美团在国内媒体的知名度最高，今日头条和美团在国际媒体中曝光度最高。最后，由于有风险投资提供强大支持，它们也常在《投资界》《财经》，甚至《金融时报》等金融媒体上出现。51 信用卡主要得到了本土风险资本的支持，在《投资界》上曝光率最高，有超过 1 400 篇文章。滴滴出行在国际专业媒体中受到的关注最多，比如美国《快公司》商业杂志和英国《金融时报》，其中《金融时报》刊登了 170 多篇有关该公司的文章。

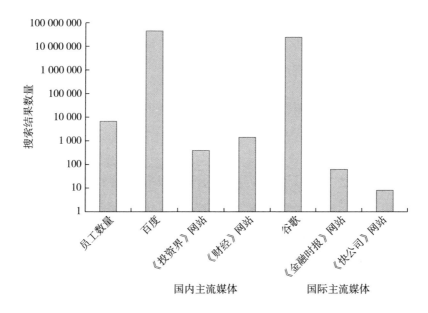

图 5.1 创变者在媒体上的曝光度

对速度的追求

创变者最重要的特征之一，或许是它们对占领市场速度的极度追求。首先，从中国的情况来看，新兴行业中涌现出大量竞争对手。如滴滴打车上线后，大黄蜂、点点打车、快的打车、打车小秘书等数十个类似的打车应用程序也进入了市场。其次，这些市场都是赢家通吃，竞争对手的目标是获得更多市场份额而不是赚取利润。许多创变者在盈利之前就耗尽了巨额风险资本。这些风险资本大多只是提供了更多时间，而不是战略资源或其他优势。其次，由于新兴市场需要经历从无到有的过程，因此它们为用户提供了越来越多的福利。因此，在盈利之前，通过免费甚至补贴的方式吸引更多用户是有意义的。这些创变者推出的产品起初往往只具有简单的功能。然而，它们会快速地升级产品，甚至几周或几天内就得到更新。这种方法保证了占领市场的速度和用户参与度，所有这些都是为了尽可能地保持用户黏度。正如下文中滴滴出行和摩拜的案例所说明的那样，占据市场主导地位的企业需要经过好几年的商场打磨才能最终诞生。

滴滴出行

滴滴出行是一个基于定位服务的汽车服务匹配平台，设计初衷是面向出租车，后来扩大到私家车。该公司以惊人的速度增长，目前每天接到 2 000 万份订单，每天处理 2 000 TB 的用户数据，在 400 个城市签约了 1 500 万名司机，拥有近 7 000 名员工。2015 年，滴滴打车与其最大的竞争对手快的打车合并，并在 2016 年收购了优步中国。之后，滴滴出行占据了 90% 的市场份额，成为估值达 500 亿美元的超级独角兽，在全球仅次于优步。优步成立于 2009 年，第四年才收到了第一笔 1 亿美元的投资，而滴滴比优步晚 3 年成立，增长速度却比优步快，对于一家成立仅 5 年的中国企业来说，这已经算不错的了。

滴滴打车成立于 2012 年，同年 9 月推出了第一款打车应用。第一个应用程序实际上并非由创始团队开发，而是以 8 万元人民币外包给了外部工程师。这个产品有很多问题，比如耗电太多，占用内存过大。3 个月后，团队收到了第一批用户的反馈，该公司增加了新功能，也更新了产品。2013 年 5 月，中国国内已经出现了数十家竞争对手，但滴滴作为先行者，其应用程序下载量仍是最高的。2013 年 11 月，滴滴的服务范围已经扩展到 32 个城市，据称，该公司拥有 1 000 万用户。2014 年 1 月，滴滴改变了策略，通过微信启动了著名的"红包补贴"战略。这吸引了许多新的出租车司机和消费者，消费者可以得到价值 10 元人民币的免费里程。这一轮促销在 4 个月内便花费了 14 亿元人民币，但滴滴每天的订单量达到了 500 万。

2015 年，滴滴推出了几个新产品：5 月推出了滴滴快车（一款比滴滴专车价格更低的私家车服务），6 月推出了滴滴顺风车（拼车服务），7 月推出滴滴代驾（一种指定司机代为驾驶的服务）和"结伴返程"功能，10 月推出试驾（一款为购车人提供试驾服务的应用）。在此期间（2015 年 2 月），滴滴与其最大的竞争对手快的打车合并，并在 2016 年推出了更多像滴滴租车这样的服务。自 2015 年 12 月起，滴滴开始在海外汽车服务领域进行合作和投资，其对象如 Grab、来福车和 Ola 等。2016 年，该公司联合了支付宝和微信支付为其海外业务提供跨境支付服务，到年底，该公司与安飞士租车公司（Avis）和百捷乐（Budget）汽车租赁公司合作，为中国用户在 175 个国家和地区提供汽车租赁服务。

尽管这些合作为现有用户提供了新的服务，但投资者希望滴滴出行实现真正的全球化。滴滴出行通过 9 轮融资获得了总计 160 亿美元的投资，其最新估值为 550 亿美元。这些数字的背后是投资者的高期望。2017 年初，滴滴成立了自己的国际业务部门，并通过对巴西移动出行服务商 99Taxi 的投资，首次真正进入海外市场。它计划下一步进入日本、韩国和欧洲市场。尽管这些市场已经趋于饱和——优步基本上控制着全球 500 个主要城市的此类服务，并拥有 5 年的国际运营经验，但滴滴出行将采用一种不同的方式，把战略投资和技术支持结合起来。

无论滴滴出行的共享经济商业模式前景如何，至少还有两个需要应对的挑战。其一，尽管直到 2016 年 11 月 1 日，网约车才在中国正式受到监管，但北京、上海和深圳等城市出台的对网约车和驾驶员的新规定，将迫使滴滴出行要像传统出租车公司一样实现规范运营。其二，高额利润尚未产生。为了增加收入，该公司在平台上增加了私人租车、高端司机和其他功能。自从收购优步中国以来，该公司推出了三项新的举措："私人网约车"，这与滴滴想要颠覆的传统出租车行业运营模式类似；"租车"，这将是一个新的收入来源；"共享单车"，这是与 ofo 小黄车公司合作开发的。2018 年 4 月，随着摩拜被收购，同为创变者的美团增加了网约车和共享单车业务，从而与滴滴出行在市场上同台竞技。尽管拥有市场主导地位和大量投资资金，但对于滴滴出行和许多其他中国创变者而言，速度和创新仍是必需的。

摩拜

摩拜是最新的创变者之一，它是世界上最大的自行车运营商（拥有 600 万辆自行车），可以说是中国最令人感兴趣的初创公司之一。摩拜提供无桩自行车共享服务，使用了带有 GPS 和其他创新功能的智能锁，用户可以随时随地骑单车。摩拜每天有 2 500 万个订单，这带来了大量的用户和位置数据。[6] 不同于滴滴出行在全球范围内的强大竞争对手至少有优步，当时摩拜只在中国国内存在竞争对手——ofo 小黄车。凭借不到两年的经验，该公司目前在中国 100 多个城市拥有了 1 亿注册用户，福冈、曼彻斯特和新加坡等城市也成为其业务范围，近期它还将登陆米兰和佛罗伦萨。对于摩拜的扩张来说，占领市场，速度就是一切。

正如该公司联合创始人、30 岁出头的中国女企业家胡玮炜在 2017 年大连夏季达沃斯论坛上所言，赚钱不是首要任务，市场扩张才是。摩拜的扩张由风险资本推动。截至 2017 年 8 月，它已经筹集了 10 亿美元，这是它短短一年内的第五轮融资。2016 年 4 月，成功开发了第一款新自行车后，该公司在上海开始了真正运营。首次在上海推出的业务只是一个测试模型，用来完善用户界面，开发第一批种子用户。仅仅 3 个月后，北京成了它的第二个运营城市。第二阶段，摩拜致力于升级自行车硬件。该公司与陶氏化学公司合作开发了实心胎，用轴传动代替了传统的链传动，同时配有远程通信、GPS 和嵌入式报警模块的智能锁，还可以通过骑行自动发电，由此对自行车进行了重大创新。仅仅 6 周，摩拜单车应用的下载量就增加了 4 倍。19 天之内，该公司在北京投放了 1 万辆新自行车（在上海花了 4 个月的时间才达到同样的数量）。

截至 2017 年 11 月，摩拜的自行车保有量达 50 万辆。由于功能先进、设计富有特点，其生产成本非常昂贵，优化自行车供应链和降低硬件成本成为当务之急。该公司还在持续创新业务流程，引入了一个功能，为那些在偏远地区找到并骑行其自行车的用户提供信用或现金奖励。他们甚至将一些自行车指定为"奖励自行车"（带有"红包"标记），以鼓励用户将自行车从交通流量较小的地区骑到交通流量较大的地区，从而帮助降低公司的运营成本。

同时，摩拜在不断开发新技术。2017年5月至6月，摩拜开始通过引入人工智能平台"魔方"、百度地图，以及与中国移动和爱立信合作推出的物联网平台，以利用其定位并获取与用户行为相关的大数据。[7] 人工智能平台魔方预测了自行车租赁的供需情况，并对自行车调度进行指导和操作。摩拜单车正在快速发展，其主要竞争对手 ofo 小黄车也紧随其后。2017年2月，ofo 小黄车宣布与中国电信和华为合作，因为它最初并没有计划将物联网技术应用到自行车上，所以正在这方面努力追赶。2017年5月，摩拜公司宣布与中国领先的薄膜太阳能电池制造商汉能公司建立合作伙伴关系，它们将太阳能电池集成到智能锁中，以提高能源效率。

摩拜在2017年上半年还有其他重要进展，比如获得南德意志集团颁发的 ISO9001 质量证书，以及与安盛天平保险、微软、Stripe 支付（国际极简支付）和沃达丰达成合作。在与 ofo 小黄车的竞争压力之下（可以说比滴滴打车和快的打车之间的竞争更激烈），摩拜成立不到两年就开始国际化运营，先是在新加坡，然后是在意大利、日本和英国。2017年8月，该公司在100个城市拓展了业务，并计划在2018年覆盖全球200个城市。为了生产更轻、更环保、更舒适的自行车，摩拜与美国的全球化学制品公司杜邦（DuPont）签署了一项战略合作协议，共同开发新材料。对于摩拜而言，对市场占领速度的追求（扩张重于盈利）、持续的技术创新、不断推出新产品都非常重要。2018年4月，摩拜被美团收购。

创变者的启示

这些创变者有可能就是不久之后的颠覆者。尽管许多颠覆性创新企业的创办者还很年轻且相对缺乏经验，但我们正在见证全新一代企业家的崛起。他们天生具备数字技术优势，受风险资本的驱动，并且具有在盈利之前快速成长的强烈意识。以下是创变者的五大特征：

新生代企业家：创变者是颠覆传统商业思维方式的全新一代企业家。他们利用新兴的移动互联网及数字技术，展示出了不同凡响的商业思维模式。他们的兴起与新一代消费者紧密相关。20世纪50年代至70年代出生的上一代中国人，其成长时期的经济环境比较艰难。20世纪80年代，特别是1985年及之后出生的中国人与上一代很不一样，很多人从小衣食无忧，物质条件优渥，因此消费行为更为积极，追求多样化的生活方式，同时还追求高质量的产品与服务。

数字化颠覆性创新：创变者利用数字化商业模式颠覆传统行业。尽管中国在互联网普及率方面远远落后于美国，但中国的移动互联网使用率远高于美国。这带来了移动数字业务范围的差异性。例如，中国消费者比美国消费者更能接受移动支付。创变者正在利用这一点，它们通过数字化商业模式颠覆了许多的传统行业或成熟产业。

风险资本推动：创变者在成立之初就筹集了大量资金，首次公开募股前就完成了数十亿美元的融资。这些投资者包括国内的各种私人基金、大型企业的风险投资基金、国资背景的基金和数十家海外基金。先锋企业正在支持新一代的数字化颠覆者，并渴望从中分一杯羹。

高曝光度：创变者非常善于推销自己的新产品和服务。它们是天生的营销专家，从一开始就为企业创造了很高的曝光度。尽管这些创变者都是成立不到 10 年的年轻公司，受到的媒体关注有可能还比不上先锋企业那么多，但它们比黑马企业和隐形冠军更加引人注目。创变者是"推销员企业家"，擅长传递商业信息，说服投资者和公众。它们与在媒体前极为低调的黑马企业和隐形冠军截然不同。

对速度的追求：正如中国的许多行业一样，新兴行业中竞争者的数量巨大。这些市场都是赢家通吃，因此竞争者专注于获得市场份额而非赚取利润。此种竞争模式对于消费者来说收益颇丰。为了迅速占领市场，并获得即时的用户反馈，许多厂商先是推出初级产品，但是很快又完成迭代升级。升级包括改进产品、商业模式、产品背后的技术，以及市场营销方式。

第六章
中国式创新

中国式创新是什么

通过研究中国创新企业的四种类型并分析它们的创新方式——从研发新技术到形成颠覆性的商业模式，人们就会发现它们有某些共同的特征。从以客户为驱动的创新，到跟随风口而不寻找独特的机会，我们的研究揭示了至少 6 种创新方式，这些创新方式都是中国创新企业的特征：

群聚思维：集体捕捉市场机会；

不断修补：快速试错和学习；

以客户为驱动：满足本地化需求和产品多样性；

持续技术升级：红皇后竞赛 ① 和先人一步；

快速集中决策：时不我待的紧迫感；

无边界思维：跨越边界寻找机会和资源。

尽管批评者可能会说这 6 种方法中的任何一种都不是中国独有的，但它们结合在一起形成了中国独特的创新风格。无论公司的规模大小、成立时间长短，或所处行业如何，我们始终可以发现这些创新方式。这些发现对"发展中经济体的公司只能缓慢追赶"这一说法提出了质疑。中国企业家阶层和中产阶层的迅速扩大，以意想不到的方式加速了创新。

群聚思维：集体捕捉市场机会

根据中国国家统计局的数据，2016 年中国平均每天有 15 100 家新公司注册，比 2015 年平均每天增加 3 000 家，新注册公司总数达到 540 万。[1] 数年前，私营企业家还是不受欢迎的资本主义的象征，但现在有大量的初创公司在中国出现。年轻人比以往任何时候都更愿意选择自主创业。根据全球创业观察报告的数据，中国的早期创业活动总量高于印度、英国和美国。[2] 政府对私营企业和大学生创业的支持肯定是一个推动力，但还有许多社会因素起到了助推作用，例如劳动力市场的供不应求、来自赚更多钱的同龄人的压力、成功人士的范例以及中国许多地方的创业文化。不管出于何种原因，中国都拥有世界上最活跃的创业生态系统之一。

由于政府出台了许多举措，中国的新型创业正蓬勃发展，尤其是

---

① 红皇后竞赛是指在某种竞争情境下，各方的绝对力量虽然发生了变化，但彼此的相对力量保持不变。——译者注

在高科技领域。除了新推出的大学创业课程，孵化器和科技园区的兴起外，还出现了大量竞赛。世界上最大的全国性创业竞赛之一在中国定期举办，2016 年举行了 33 场地区性竞赛，涵盖了几乎所有省份。比赛主要聚焦六大领域：先进制造业、移动互联网、电子信息、新能源与环保、新材料、生物医药。[3] 从全国范围看，比赛吸引了 50 000 多家新企业，高于 2015 年的 27 000 家。真正的创业者和企业家群体已经出现，并且已成为一股不容忽视的力量。

中国创新的驱动力，包括庞大的市场规模、蓬勃发展的中产阶层、激烈的竞争、庞大的企业家群体、多元化的国内商业体系，以及不断变化的市场、法规和竞争，这些因素共同造就了我们所说的独特的"群聚创新"现象。大量机敏灵活的小企业，会很快复制市场上现有产品进行细微升级，不久之后，再被下一拨小企业取代。实际上，数百万创业者和企业家在共同创新，推动技术不断发展和市场边界的扩大。尽管其中许多企业都失败了，但那些存活下来的企业，经过了血与火的洗礼，成为强有力的竞争者，甚至是市场领导者。考虑到初创企业数量的整体规模巨大，存活下来的企业绝对数量并不小，可能成千上万。随着时间的推移，这些企业群体推动市场不断演变，而遇到这类竞争对手的跨国公司发现，面对这一群体，自己很难在市场中获胜。根据一家中国风险投资公司创始合伙人的说法，中国有 10 000 人看到了机会，其中 100 人真正创业，10 人不断迭代，最后只有 1 人赢得了市场。

群聚思维（或者说是对市场中相似机会的集体追求）与创新者在其他全球创业生态系统（如硅谷、伦敦、阿姆斯特丹、柏林）中的思维方式形成鲜明对比（见表 6.1）。对于大多数外国企业家来说，他们的模式是寻找独特的机会并致力于发展与竞争对手不同的能力和商业模式，而中国企业家却恰恰相反（尽管也有例外）。相较于差异化定位，中国创新者更加关注在不断增长的市场中分一杯羹，这就导致了创新者之间为争夺同一市场机会而展开激烈竞争。发达市场的创新者更关心的是与传统模式的在位企业竞争，或是证明自己发现的独特机会确实存在，也就是说，它们很多时候是在试图向客户推广他们此前从未购买过的产品或服务。群聚思维往往发生在一个赢家通吃的市场，随着时间的推移，少数占主导地位的市场领导者脱颖而出，而大多数竞争者被淘汰出局。这些创新群体不仅成员数量众多，而且它们的地域集中度很高。相比之下，发达市场的创新倾向于围绕技术形成聚集，而不是特定地理位置。

表6.1　中国的群聚创新与发达市场的创新的对比

中国的群聚创新	发达市场的创新
寻找已验证的机会	寻找独一无二的机会
多个卖点	独特卖点
市场导向	技术导向
激烈的群体竞争	与在位企业竞争及转化非消费人群
竞争赢家通吃市场	多元市场[a]
地域集中	技术集中

资料来源：作者的研究。

注：a. 平台技术公司是例外，如亚马逊、苹果和谷歌。

这种群聚思维和地域集聚的现象，源于中国企业家长期从事商业活动的方式。早期市场开发的方式，在某种程度上造就了这种特殊的市场交易形式——企业家和商人聚集在一起，在实体市场销售相同的产品。[4] 即使在今天，在中国的许多购物街和地方市场，仍然有同一类型的产品集中生产于一处的现象。得益于浓厚的商业文化，浙江成为此种商业模式的发源地和主阵地。

1979 年 8 月，人们在温州发现浙江最早的现代化市场。[5] 桥头镇纽扣市场始于两兄弟的商业探索——他们外出寻找商机，并将一袋纽扣带回家乡后在路边开始出售。看到这二人生意兴隆，邻居们也开始采购和销售纽扣，于是就自发形成了一个市场。到 2008 年，浙江作为中国面积较小的省份，已经拥有超过 4 000 个这样的市场，交易额在 9 500 亿元人民币以上。[6] 专业市场演变成产业集群，反映了创新学习和跨集群交流效应，其他例子包括永康五金集群、乐清低压电器集群和海宁皮革集群。[7] 在中国的新兴市场经济中，大量的企业家和群聚创新一直是商业运作的典型方式。接下来，我们将举例说明四种创新企业在群聚思维影响下的竞争模式。

黑马企业的竞争集聚

黑马企业是 B2B 利基市场中的技术驱动型企业。惟华光能参与竞争的中国光伏行业，规模巨大且竞争激烈。在 2016 年的研究中，我们发现有 150 多家中国公司在光伏技术方面拥有重要的知识产权，目前全球排名前十的光伏公司主要是中国公司。像惟华光能这样的一大批新兴创业者正在改变市场前景。在规模更大的新能源产业中，2015 年有超过 1 500 家新公司进入市场，其中至少有 50% 的企业从事光伏业务。在中国创新创业大赛的一次决赛中，有多达 200 个创业项目属于光伏技术领域。[8]

在佳格天地参与竞争的大数据技术领域，大数据产业园区出现了爆炸式增长，其中最大的在贵阳，有超过 17 000 家大数据公司在此注册。尽管贵阳位于中国西南腹地，但它具有特殊的优势：受太阳风暴和太阳黑子活动的影响较小，地域偏远以致犯罪行为少，全年温和的气候能够保证较低的能源消耗，这是大数据中心的理想选择。此外，大数据技术已在农业、电子商务、教育、电力、金融、市场营销、招聘和零售等众多行业中得到应用，中国的创新者在开发此类应用方面的能力尤为强大。除佳格天地之外，许多公司还在大数据农业这一专业领域竞争，包括控易电子、极海和东方智感，这些公司在市场中创新、竞争并不断聚集。

创变者的繁荣和加速整合

我们可以从创变者的竞争方式中发现群聚思维的模式。新数字技术带来的市场机遇和颠覆吸引了许多年轻人，他们在全球风险投资的推动下开始创办数字化企业。例如，外卖送餐行业始于 2009 年饿了么的成立，但 2013 年才开始蓬勃发展。虽然已有 100 多家新企业进入市场，但到 2017 年，大多数企业并未存活下来。一些大公司依然存在，包括百度外卖、饿了么和美团点评。总的来说，本地生活服务行业已经进行了多次强有力的整合。例如，市值达 300 亿美元的美团点评，就是美团（成立于 2010 年以团购业务起家的公司）与大众点评（2003 年成立的中国最早的消费者评论平台）大规模合并的结果。另外的例子是百度外卖和美团外卖的合并，以及阿里巴巴对饿了么的收购。

在对速度的强烈需求驱动下，创变者几乎只在赢家通吃的市场上竞争。例如，在过去 5 年里，与送餐行业类似的打车市场和共享单车市场出现了爆炸式增长，而后也发生了整合，且整合速度在加快。送餐市场的整合花了将近 8 年的时间，"打车大战"仅用了大约 4 年的时间，而共享单车竞争却只用了大约一年时间就落下帷幕。打车软件的第一批竞争者是 2012 年左右成立的滴滴打车和快的打车。在市场鼎盛时期，中国大约有 100 个打车软件，到 2013 年，只有 50 个存活了下来。一年后，基本上只剩下滴滴打车和快的打车，它们占据了大部分市场。2015 年滴滴打车与其最大的竞争对手快的打车合并，并于 2016 年收购了优步中国，合并后的滴滴出行占网约车市场份额一度达到 90%，这一超级独角兽公司的估值达 500 亿美元。[9] 在共享单车领域，赢家通吃的竞争基本上在 2017 年结束。自 2016 年中期以来，大约有 70 家共享单车公司进入这个市场，到 2017 年底，主要竞争者只剩 ofo 小黄车和摩拜。这种整合速度在其他国家，甚至在中国的大多数其他行业，都是闻所未闻的。

群聚思维并不限于新兴企业

群聚思维不仅适用于过去 10 年间发展起来的新兴企业，还适用于老一代的先锋企业和隐形冠军。根据我们对海尔集团副总裁的采访，中国国内有 25 000 多家小家电企业，其中超过 5 000 家企业出口产品，直接与海尔竞争。挖掘机是另一个例子。自 20 世纪 90 年代以来，随着房地产和基础设施市场的蓬勃发展，建筑业也极具吸引力，甚至连汽车制造商吉利和酒业公司五粮液等企业也开始生产挖掘机。在 2000 年左右，有超过 100 家中国公司生产挖掘机，但到 2011 年，排名前五十的公司占据了 90% 的市场份额。[10] 随着激烈的竞争，到 2016 年，挖掘机行业只剩下 20 家企业，其中 14 家是上市公司。

隐形冠军也受到群聚思维的影响。一个很好的例子是光伏行业的隐形冠军天合光能。光伏行业在 2000 年左右开始蓬勃发展，到 2013 年，仅江苏省就有 1 000 多家光伏公司。一年后，只有大约 50% 的企业幸存下来。[11] 当时，中国光伏行业最大的协会——中国光伏行业协会只有 149 个注册会员。另一个例子是医疗器械行业。在中国人口老龄化加快、中产阶层蓬勃发展、对高质量医疗保健需求增加的推动下，未来几年医疗器械领域将产生大量机会。尽管这个行业过去由通用电气、飞利浦和西门子等外资企业主导，但中国的医疗保健公司已经进行了重大产业升级。此外，外资企业在医疗器械行业的中低端市场并不强大，由此在中国出现了巨大的市场空白。新入围企业的数量相当可观。2014 年，在这个领域注册的公司有 12 000 家，2016 年则有 16 000 家公司，仅仅两年就增长了约 30%（4 000 家公司）。显然，群聚思维不仅是新兴企业的竞争模式，也是先锋企业和隐形冠军的竞争模式。

不断修补：快速试错和学习

中国的创新者利用快速试错来测试市场、调整和学习。测试市场、开发产品、设计商业模式往往是同时进行的。中国企业，不仅包括初创企业，还包括海尔等巨头，都擅长在早期进行市场测试，再根据反馈迅速迭代升级。相较于开展失败率很高的大型试验，中国创新者更倾向于小步快跑，修补迭代，用卡尔·韦克（Karl Weick）的话说是"拼凑"（bricolage）[12]。修补（tinkering）是指基于手边任何可用的资源来构建某个新的东西。有修补思维的人不太愿意为实现某一目标进行规划并预备一组特定资源，因为他们并不认为只能通过使用一组特定的资源才能实现目标。相反，修补是一个构建、搜索资源、测试和重建的升级过程。修补不是规划，而是一个结合现有资源和知识，并重新组合看似不相关的知识点以达到目的的学习过程。修补中的错误很小且容易克服，这与在不确定性较大和信息较有限的情况下进行规划，从而可能会出现大的潜在的破坏性错误形成了鲜明对比。

要在组织中取得成功，修补有几个先决条件，正如韦克的"拼凑"理念所概括的那样：对可用资源有深入的了解，认真倾听和观察客户，对自己的想法有信心，能够进行自我纠正的反馈。对可用资源的深入了解与拥有丰富资源并不相同，但是中国创新者二者兼有。实际上，正如本章稍后讨论的无边界思维所显示的那样，中国创新者非常善于从各种渠道寻找资源，并且非常清楚哪些资源随时可以利用。在许多方面，中国创新者更善于寻找而不是开发资源。认真倾听客户的声音也是以客户为驱动的前提条件。许多商业评论家和学者都认为中国企业倾听市场的能力很强。对自己的想法有信心，是企业领导者有决断力的表现之一。正如下文将要论述的那样，中国企业的领导者以自信和果断著称。升级和反馈与公司的习惯有关，这些企业响应不断变化的客户需求，从而开发出"差不多"而不是完美的产品。我们的研究表明，中国企业满足成功修补的大部分前提条件。

修补非常符合中国人的实用主义和市场过渡性特点，因为在这一市场中存在很多不确定性。此外，众所周知，中国的创业者在汹涌的商业市场波涛中游刃有余。如创变者和黑马企业这样的年轻企业，几乎天生就会不断修补。然而，即使是大型企业也在应用这一创新方式。

数字领域的另一个例子是小米。由于熟悉软件开发，它最初是一家软件公司。它的第一个产品是新型安卓智能手机操作系统。该操作系统的开发完全建立在修补过程的基础上：在市场中较早推出产品，仔细听取用户的意见，每周更新，并在用户反馈和产品开发之间循环迭代。创始团队的信心也非常大，其中许多成员在创办小米之前都是成功的企业家和商业领袖。

更引人注目的例子是 TCL 和吉利公司。TCL 现在是领先的消费类电子产品制造商，但它最开始开发的是录音磁带，然后才转向电信业务，并在 20 世纪 80 年代成为电话终端的领先供应商。在 20 世纪 90 年代，创始人李东生意识到彩电有巨大潜力，于是从无到有开拓了电视业务，如今 TCL 已成为世界上最大规模的电视品牌之一。每一次转型都伴随着高风险，当时 TCL 还没有任何相关的技术，但是不断尝试和学习给李东生带来了巨大的成功。与之类似，吉利创始人李书福也是从生产摩托车起步，在 1997 年看到了汽车行业的巨大潜力。由于缺乏制造汽车所需的资产、知识和经验，他并没有受到重视。李书福有句名言：做汽车有什么了不起，不就是四个轮子、两个沙发。1998 年，他的第一辆汽车下线，而他的汽车生产许可证则来自一家监狱下属的工厂，实际上只允许生产卡车。2001 年，政府授予吉利生产汽车的正式许可。吉利在 2010 年收购了沃尔沃，与 TCL 相似，它从一开始就是一个修补者和冒险家。

隐形冠军的另一个例子是蓝思科技。最初，与创始人周群飞曾经工作过的公司类似，该公司生产手表玻璃。但这一传统产业竞争十分激烈。转折点出现在 2001 年，当时周群飞的一个朋友收到 TCL 的一笔订单，研发生产翻盖手机面板。根据周群飞在制造手表产品方面的经验，蓝思科技向 TCL 建议使用玻璃代替丙烯酸塑料。TCL 接受了这个建议，蓝思科技则看到了机会，并决定专注于手机屏产品。这位自信的创始人察觉到了一个新趋势的开始，修补思维使她在一个不熟悉的行业找到了新的机会。

在另一个不同但更为传统的行业中，创变者三只松鼠（一家销售食用坚果的创新网络公司）也使用了修补策略。自 2012 年成立以来，该公司通过采购、包装、品牌推广和在线销售坚果，到 2016 年营业额达到了 45 亿元人民币。它最初的成功来自试图推广和销售一种尚未受到中国消费者欢迎的新型山核桃。该公司成功后依然在不断尝试新事物，包括新的营销方法和新的产品设计，并因此脱颖而出。修修补补的过程使公司能够发现新的机会，并迅速从市场中学到新东西。

以客户为驱动：满足本地化需求和产品多样性

除了庞大的市场规模，中国市场还有一个关键特征是其总在不断发展和变化。同时，中国区域市场的多样性使其成为一个高度细分的商业市场体系，因此开发、理解、满足不断变化的客户需求的能力，是中国创新者成功之关键。尽管有批评者指出，中国企业之所以乐意听取客户意见，是因为它们缺乏技术研发能力，但实际上这些公司是客户驱动型创新的榜样，而跨国公司也往往认为自己缺乏对中国市场的了解。我们的研究证实，中国公司不仅比跨国公司更快地响应客户需求，而且还能迎合其需求的多样性。它们不是通过生产更复杂的产品，而是通过将产品的更多版本推向市场来实现的。

中国快速和低成本的执行能力、发达的制造能力和基础设施，使得中国企业能够满足市场的特殊需求。海尔的水晶洗衣机系列就是一个例子，基于一系列用户调查，海尔对旋转速度、运行噪声等进行了针对性的开发。TCL 的创新电视产品具有多种功能，如卡拉 OK、智能触控笔、双屏显示，其中大多数都不是颠覆式的创新，而是现有技术的组合，最后创造出得到客户高度评价的产品。另一个例子是三只松鼠，这家创变者同样以客户为驱动，重新思考了消费者购买和食用坚果的体验。考虑到特定的客户需求，它发明了一种改善客户体验的新产品：在装有湿纸巾、垃圾袋和开坚果器的袋子中出售坚果。此前没有任何竞争对手想到过将这些物品组合在一起。到 2016 年，三只松鼠已经成为中国最大的坚果品牌。

不同类型的创新者以客户为驱动进行创新的原因是不同的。对于隐形冠军和黑马企业来说，这并不奇怪，因为其业务定位是利基市场，并且通常是企业客户，所以要坚定地把以客户为中心作为竞争优势。对于先锋企业而言，关注客户是有历史原因的，因为它们最初没有强大的技术基础，所以在推出"差不多"的产品时必须依靠客户。这些创新企业可以生产出价格低廉且适合特定用途的产品，这对首次购买该产品的客户具有极大的吸引力。最初，华为的产品质量并不十分理想，安装产品后，公司员工通常要待在附近几个月以提供维护和维修。华为也曾表示，在过去的几十年里，这种与客户的密切联系帮助其发展了数千项微创新。应该注意的是，"差不多"并不一定指产品质量差或安全标准低。这些公司的目标是开发市场能够接受的产品。像奇瑞 QQ 小型车或海尔中端市场的酒柜冰箱一样，这些产品的定位介于高端优质市场和低成本大众市场之间，而这一利基市场在中国一直显著增长。[13]实际上，与跨国公司通常采用的科技驱动型创新相比，这种创新方式更依赖高度本地化、以客户为驱动。

另一个例子是三一重工，它是一家重型工程机械设备制造商，也可能是中国最具国际化的公司之一。与传统的低成本制造商不同，三一重工的创新之一是开发了更加耐用、易于维护和维修的工程机械设备，在许多发展中国家，缺乏工程技术和零部件将严重限制设备运行，而三一的这些设备可以在发展中国家的恶劣条件下运转。三一重工不但听取了国外客户的意见，也很重视国内客户的反馈。例如，在中国，考虑到不同的地形特征和土壤条件，它开发了许多型号。在提升市场覆盖的同时，三一重工也在提升自己的技术能力。

创变者是另一群创新者。以下三个特点使深入了解客户成为创变者的竞争优势。首先，这些创变者都是年轻的公司，其知名度和品牌声誉有限，因此它们越专注于市场，越能吸引客户，就越有利于自身发展。其次，这些企业往往是数字驱动型企业，手中有各种各样的工具，包括社交媒体和创新的市场营销方法，因此它们有许多机会可以快速接触到客户。最后，创变者的市场定位主要是大众市场，通常是消费者市场。例如，云麦的智能秤有许多本土化功能，如以中国传统的重量单位斤而不是千克为单位，强制提醒每天称重，可重复充电而不是使用一次性电池。这些功能是由第一批用户确定的，即在线上社区中组织起来的一群忠实粉丝，这与小米的粉丝文化非常相似。公司在中国和韩国取得成功后，并以同样方式进入美国。在进入美国市场后的 9个月内，它已经超过了当地竞争对手蜚比（Fitbit）的市场份额。

还有一群特殊的中国公司——"山寨"公司，它们也许不是真正的创新者，但确实在以自己的方式创新。尽管它们在技术创新方面没有太大发展，而且经常复制现有的设计和技术，但它们是中国企业致力于市场和客户需求的一个群体。例如，基伍手机公司会迎合一些特殊需求，如为中东市场预装宗教方面的软件，或因印度家庭喜欢一起跳舞而在手机上装配超高音喇叭。而苹果公司这样的技术驱动型企业自然并不考虑这种特殊需求。总之，中国创新者对客户及其需求的关注及执着令人惊叹。

持续技术升级：红皇后竞赛和先人一步

在中国，仿冒者永远不可能成为顶级企业。尽管企业过去能够凭借简单的技术和有吸引力的商业模式而侥幸成功，但对于中国大多数技术行业而言，不断快速的技术升级已成为必需。这主要有以下几个原因。首先，客户越来越需要更好、更先进的产品。在许多情况下，这意味着企业需要提高其技术能力。其次，市场竞争的加剧越来越需要知识产权和强大的技术作为竞争优势。对于许多行业来说，技术升级就像是在刘易斯·卡罗尔的《爱丽丝镜中世界奇遇记》中参加红皇后竞赛，只有快速升级才可以让你留在游戏中。再次，仿冒行为在中国仍然很普遍，因此企业需要走在仿冒者的前面。一方面，仿冒者会抢占企业试图占领的市场；另一方面，"专利流氓"和仿冒者可能会将其他企业的技术申请专利，然后在法庭上起诉原公司。最后，与仿冒行为相关的知识产权保护环境正在改善，但仍然有明显的局限。表面上看，自 1979 年以来，知识产权在中国正式被承认并受到保护，但在知识产权保护方面还存在诸多不足。一些跨国公司在进入中国时犹豫不决，因为它们担心知识产权不受保护而遭受损失。[14] 当在中国开展创新或进行研发活动时，这种担忧尤甚。其实，本土的创新企业跟它们一样担忧。数据显示，2016 年中国公司对其同行提起的知识产权诉讼比外资企业提起的诉讼还要多。

尽管许多中国公司在技术、知识和经验方面起点不高，但我们的研究发现，这些公司渴望快速升级。许多受访者将竞争视为一场红皇后竞赛，为了在跨国公司技术优势和国有企业资源优势挤压下的市场竞争中占有一席之地，不断升级是必要的。电动工具巨头宝时得和发展较成功的清扫机器人科沃斯等企业，都在 10 年内将它们的技术从最初的代工生产升级为自主技术。风力发电机制造商金风科技通过不断升级技术来获得竞争优势，直到直流驱动永磁发电机技术取得突破。德马科技一直稳步提升技术水平，从生产输送设备部件转型为提供全面的输送和分拣解决方案。

海康威视也展现了技术升级的高速度。2002 年，海康威视推出了基于网络视频图像压缩标准 MPEG4 的产品，如计算机视频压缩卡。2003 年，公司推出了基于 H.264 技术标准的新产品系列 DS-4000H。这一标准是用于视频压缩的高级视频编码标准，并且是蓝光光盘的视频编码标准之一。海康威视不断升级产品系列，直到第九代 DS-9000H。2014 年，该公司推出了基于 H.265 技术标准的产品，这种高效的视频编码技术是一种新的视频编码标准，海康威视是全球率先采用该标准的公司之一，它还迅速开发了云计算和 4K 分辨率等新技术。

这些公司将持续快速的技术升级，视为领先于竞争对手和仿冒者的一种创新策略。事实上，海康威视等创新企业在成立初期就遭遇了仿冒者，它们意识到自身的优势可能很快被侵蚀，因此从那时起便一直专注于技术升级。

快速集中决策：时不我待的紧迫感

中国不是一个适合慢热者的市场。我们的访谈和观察揭示了其中三个原因（见表 6.2）。第一，中国市场中公司众多，企业之间面临激烈竞争，这要求公司需要快速做出决策。我们的许多受访者表示，它们经常以对产品质量一定程度的妥协或放弃部分正式的组织流程来换取决策速度。如果不迅速做出决策，它们的竞争对手就会这样做。竞争对手也不仅仅是身边的一个，而是一大群渴望抓住类似机会的企业。

表6.2　快速集中决策

内部驱动力	外部驱动力
果断的领导者	激烈的竞争
扁平而灵活的组织结构	瞬息万变的市场
文化认同	监管变化
紧迫感	

资料来源：作者的研究。

第二，瞬息万变的市场是公司快速做出决策的强大驱动力。中国消费者的行为模式仍在变化，且其固定偏好较少，这使得公司非常容易受到客户喜好变动的影响。市场调查显示，中产阶层正在蓬勃发展，他们偏好购买新的、更好的、更多样化的产品。创新者需要快速创新产品、服务和商业模式，以避免错失良机。从根本上来说，客户的转换成本仍然相对较低，这一方面使得成功更为容易，但另一方面，却使得市场瞬息万变。换句话说，今天的冠军企业和市场领导者未必在明天依然保持领先。

第三，监管变化能够带来机遇——只要它们能够被迅速捕捉到。例如，阿里巴巴的在线第三方支付服务支付宝于2004年推出，但当时中国还没有对第三方支付进行监管的相关法规。政府花了数年时间才跟进了相应的监管要求，但那时支付宝已经积累了数亿用户。支付宝还推出了可以随时使用的在线货币基金投资产品——余额宝，当时有关这一新金融产品的法规尚未出台。等监管跟上时，市场上已经充斥着大量的同类竞品了。近几年的另一个例子是打车软件业务。当该产品于 2012 年推出时，滴滴打车和快的打车的司机基本上不会受到任何特定法规的约束。起初对谁拥有汽车、驾驶汽车以及谁应对问题负责都不清楚。尽管如此，滴滴打车和快的打车还是迅速崛起，它们利用风险投资资金在几个月内吸引了尽可能多的用户，因为它们知道监管机构与竞争对手很快就会随之而来。

除了外部驱动因素，快速决策还有一些内部因素的驱动。中国创新企业的组织方式促进了快速决策。

首先，大多数中国公司的决策都是由强大的领导者集中制定的。中国企业的创新速度比跨国公司更快。吉利从生产摩托车转向生产汽车只用了一年时间。海尔的新产品开发周期比大多数竞争对手都要短。联想新的全球客户采购系统使流程可以并行运行，从而加快了整个采购过程。由于许多中国公司还很年轻，没有僵化的管理结构，因此它们往往不那么形式化，更倾向于服从企业创始人果断的决定。比亚迪向电动汽车迈出迅速但冒险的一步，得益于其创始人王传福的果断决策。任正非的领导风格通常被称为军事化风格。他的个性很强，对公司有强大影响力。2002 年，当华为经历了历史性的负增长时，任正非决定致力于国际市场的扩张，并使华为成为全球技术领导者，这一决定曾遭到怀疑和批评，但也成为华为历史上的转折点。即便在今天，任正非对这家市值数十亿美元的公司仍然影响巨大。尽管实施了轮值CEO 制度，但他对任何行政决策拥有最终否决权。其他强势领导人的例子还有马云，尽管多年前已退任首席执行官，但他仍然是阿里巴巴背后的智囊。在规模较小、知名度较低的企业中，创始人通常被认为是公司之父，是所有决策的制定者，这种模式实际上始于新企业的创立。西方企业往往有一个多人的创始团队，而中国企业大多由一两个创始人创办和运营。当然，小米公司是其中的例外，因为它有 7 个合伙人。

其次，中国创新者的组织结构倾向于扁平化或灵活化。黑马企业和创变者由于企业年龄和规模较小，往往拥有相对扁平的组织结构。问题的关键在于，那些规模更大、更成熟的中国创新企业，是如何组织起来进行快速决策的。在这里我们区分两种类型的大型创新企业。

第一种像海尔或小米公司这样的大型创新企业，重组了公司的组织结构，使其尽可能扁平化。海尔的座右铭是"与用户零距离"，而工作部门的组织创新（小微企业或自主经营体）则是其组织结构上的一个解决办法。这里的重要区别在于，所有决策权都在 20 人的工作部门内，这与其他初创企业没什么不同。小米也是如此，一个拥有 8 000 多名员工的公司只有三个组织层级。根据传统的管理理论，对这样一个扁平而庞大的组织进行管理几乎是不可能的，但是小米成功了。7 个联合创始人直接领导高管，而后者又直接管理工程师和销售人员。联合创始人有时还需要直接与工程师沟通。另一种截然不同的思维方式体现在关键绩效指标（KPI）的影响上。小米大幅削减了关键绩效指标的数量，创立了一种粉丝文化，并提供了丰厚的奖金期权，这些都赋予了员工很大程度的自主权。

另一种类型的大型创新企业不一定有特殊的组织结构，但它们通过特定的实践来保证公司在多层级结构下的敏捷度。例如，华为的矩阵式组织采用了一种灵活方式——行动迅速的"铁三角"结构。华为的小型团队履行三个关键职能：改善客户关系，提供解决方案和交付方式，提高决策速度。另一个例子是百度、阿里巴巴和腾讯的商业生态系统。尽管百度、阿里巴巴和腾讯体系内的公司都是按照传统架构组织的，但每个公司规模都不会太大。这种商业生态系统由数十家乃至数百家小公司组成，这些小公司通过共享的用户群和数字化服务形成一个生态系统，其决策权更多在各个公司而非集团层面。

再次，中国企业领导者的领导风格传统上主要是家长式和自上而下的，这不易为欧美员工所接受。中国员工更容易接受一个强有力的领导者。受中国文化中儒家的传统文化影响，中国员工更易接受自上而下的领导且不太需要建立共识。忠诚、顺从和面子等观念在中国商界仍然很普遍。此外，这种文化的另一面是员工对他们的领导有更强烈的期望，尤其是在指引方向、勾画愿景和代表员工利益等方面。这样的结果是，价值观在员工评价和决策制定中很重要。在某种程度上，价值观起着启发式决策逻辑的作用。但大多数西方员工遵循着相对具体和特定的经营原则，而不同的企业则有不同的经营原则。

最后，也许最值得注意的是中国创新企业时不我待的紧迫感。尽管激烈的竞争、不断变化的市场以及日益严格的法规监管，已经为中国创新企业带来了强烈的紧迫感，但它们还是巧妙通过营造刺激环境来进一步保持危机感，特别是在公司已经成长壮大之后。黑马企业有一种天然的紧迫感，因为它们本身就是资源短缺的创业公司。由于对速度和用户获取的需求，创变者的紧迫感更加强烈。但值得注意的是大型创新企业的紧迫感。例如，任正非坚信，华为应该保持持续增长的状态，而不是成为一个固化的老牌企业。此外，任正非主张公司是员工共有的，希望每个人都能像股东一样行事，这使得员工保持着高度的紧迫感和工作压力。他在 2007 年要求公司资深员工辞职并重新竞聘上岗，这样不但对整个公司进行了整顿，同时也传达了一个重要信息：任何人都必须用绩效说话，老员工也不例外。

海尔的张瑞敏强烈感受到，没有成功的企业，只有时代的企业。自20世纪90年代末以来，他不断地对公司进行重组，最近的一次改革是向小微企业平台组织转型。基本上大多数员工都是在更大的海尔平台上为小微企业——类似于初创企业工作。此外，海尔还利用鲇鱼效应，将一个强有力的竞争对手安排在现任小微主身边，从而产生了一种紧迫感。

无边界思维：跨越边界寻找机会和资源

人们通常会认为，中国企业家拥有强大的人际关系网，善于交际。中国的创新常常被解释为，中国企业倾向于同外部合作伙伴建立广泛联系。特别是，由于政府在中国市场中扮演着比在其他国家更重要的角色，且中国的制度环境还在不断发展和完善，因此企业家与外界联系并建立合作的能力是其企业竞争优势的重要来源。[15] 我们研究发现，无边界思维方式是中国创新者的典型特征之一。[16] 这种思维方式可以像开放式创新那样，帮助企业尽早发现新兴市场中的机会，同时也是克服资源有限的一种方式。

尽管中国的人才、资本和知识资源环境良好，但要获取这些资源并不总是那么容易。根据《2014中国创新调查》，获取人才和保留人才是企业最大的挑战之一。[17] 我们对200多家中国本土企业的研究也证实了这一点。尽管中国在毕业生、工程师和科学家数量方面拥有绝对优势，但劳动力市场的不匹配问题不容小觑。不断上升的劳动力成本是许多中国创新者面临的另一个挑战，它们需要从成本创新迅速升级到产品创新、流程创新和商业模式创新。

　　本书中描述的中国创新企业很擅长无边界思维。例如，小米通过与用户社区直接合作，开发了 MIUI 操作系统，现在正在与超过一百家智能硬件公司建立合作网络。华为已经成立了 28 个联合创新中心，与 14 家全球领先的电信运营商展开合作。海尔利用海尔开放式创新平台，在网络社区中吸引了成千上万的外部专家。海尔还拥有一个名为"360 全球人才引擎"（360 Global Talent Engine）的平台，该平台使得任何人都可以在海尔集团内外寻找相关人才。德马科技也建立了广泛的合作伙伴关系，以升级技术、开发新的产品系统。阿里巴巴的智能物流项目——菜鸟，是一个大规模的物流数字化创新工程，它与一系列外部合作伙伴合作，赋能和优化中国的物流体系。金风科技在 2008 年建立了国家风电工程技术研究中心。另一个组织实例是百度、阿里巴巴和腾讯的商业生态系统结构。从根本上讲，这是一个庞大且相互依赖的公司网络，可跨行业开发以客户为中心的产品。虽然开放与合作对创新的重要性是公认的，但中国企业能够利用开放网络持续和大量创新，这确实不同寻常。中国创新者的思维模式让它们不断跨越企业边界，寻找资源和机遇。

　　我们也可以从中国最大的金融集团之一——中国平安身上发现这种思维方式。中国平安是一家控股公司，其子公司主要从事保险、银行和其他金融服务。该公司成立于 1988 年，总部设在深圳。中国平安不仅是世界上最有价值的保险品牌（价值 160 亿美元），而且还是著名的革新者。它的创新始终来自它的无边界思维模式，尤其是它习惯于建立不寻常的合作伙伴关系。例如，平安公司孵化的两家公司，它们通过各种合作伙伴关系形成了小型生态系统。其中，平安好医生不但与医疗服务提供者合作，也同房地产开发商建立了合作伙伴关系，以此寻找进入社区的机会。而拥有独角兽估值的金融科技公司平安陆金所，近期与饿了么和杜蕾斯签署了合作协议。

中国平安还活跃于金融科技行业，与领先的数字巨头 BAT 展开合作。2013 年 11 月，平安与阿里巴巴和腾讯合作，建立了中国第一家在线保险公司——众安保险，该公司已经推出了 300 多种保险产品，其中一些颇具创新性，并成为明星产品。例如，"步步保"是一种健康保险，可以将消费者的智能可穿戴计数器与保险费用联系起来：消费者走得越多，需要支付的费用就越少。中国平安也与百度在大数据分析方面进行合作。两家公司联合进行基础研究，以了解大数据分析可以如何帮助提升平安的服务。中国平安还与中国最大的电子商务平台之一的京东建立了战略合作关系，进而将两家公司的电子商务和互联网金融业务联系起来。

中国式创新的启示

中国创新企业已经发展出独特的创新方式。本章，我们分析和说明了使中国创新企业脱颖而出的 6 种方式：

群聚思维：群聚思维可以概括为，一大批企业对相似机会的集体追求。群聚思维下的创新不同于大多数发达国家的创新：大批创业者涌向已被验证的机会，受市场驱动，面临极度激烈的竞争，赢家通吃，并且常常有地域集中的特点。在四类创新企业中，黑马企业和创变者都是年轻的企业，群聚思维导致它们的群体竞争异常激烈。然而，这不仅涉及初创企业，在先锋企业和隐形冠军中我们也可以看到相同的思维和竞争模式。

不断修补：修补指的是基于手边任何可用的资源来构建某个新的东西。它需要快速试错和学习。修补并非为实现需要一组预设资源的特定目标进行规划，而是假定没有完整信息并依赖于不确定性。中国的创新企业展示了在组织中成功进行修补的大多数先决条件——对可用资源的深入了解，认真倾听和观察客户，对自己的想法抱有信心，以及不断迭代和自我纠正的反馈。

以客户为驱动：隐形冠军和黑马企业关注的是利基市场的商业客户，这需要一种高度以客户为中心的方式来挖掘本地的需求，提供多样化的产品。先锋企业过去没有强大的技术基础，仅发展出了"差不多"的创新。后来这成为一个竞争优势，因为它们一直与客户保持密切联系，且它们的组织也发展出了一种以客户为驱动的逻辑。高度以客户为驱动进行创新也使得创变者作为尚未建立品牌和口碑的初创企业，可以利用其具有竞争优势的数字技术能力，开拓大众市场。我们的研究表明，中国创新企业不仅以客户为驱动进行创新，而且还迎合不同地区的特殊需求，开发了各种各样的产品。

持续技术升级：尽管中国企业凭借简单的技术和有吸引力的商业模式一度能轻易成功，但今天对于中国大多数技术行业而言，快速和持续的技术升级已成为必需。好比红皇后竞赛，必须不断升级，才能在仿冒者面前保持领先。许多中国企业之前在技术、知识、经验等方面的确起点较低，但是它们快速升级，从未停歇，因为不断快速升级技术被视为保持竞争优势并领先于仿冒者的一个关键途径。

快速集中决策：中国不是一个适合慢热者的市场。中国创新者有一种时不我待的紧迫感，并且擅长快速集中决策。一方面，创新者的特征包括果断的领导者、扁平而灵活的组织结构、对强大领导者的文化认同以及高度紧迫感；另一方面，激烈的竞争、客户和消费者市场行为的变化、监管变化，是快速决策的另一组驱动力。

无边界思维：中国的创新者有一种跨越企业边界的思维方式，以此发现机遇并获取资源。我们在研究中发现，无边界思维是中国创新者的典型特征之一。这种思维方式有助于尽早发现新兴市场机会，就像开放式创新一样，同时它还往往是克服资源限制的一种方法。中国企业乐于结成不寻常的合作伙伴关系进行跨行业创新。

第七章
走向世界的中国创新企业

中国的创新企业正崛起为全球参与者

中国作为跨国企业研发中心的东道国一直发挥着重要作用，同时，中国企业正在形成强大的技术能力，并日益融入全球研发网络。中国的对外投资正延伸至发展中国家和发达国家的各个角落。2000年，中国的对外直接投资仅占全球外商直接投资总额的0.1%，但到2015年已经达到8.7%；2016年，对外直接投资总额达到1 700亿美元，同比增长44%，投资了约8 000个海外项目。中国创新调查显示，超过80%的中国企业打算在未来10年内向海外扩张。[1] 就对外直接投资的目的地而言，迄今为止大多数位于亚洲（74%）、拉丁美洲（8.6%）、美国（7.4%）和欧洲（4.9%）。大部分投资于租赁、金融和商业服务等行业，其次是采矿业和零售业，制造业仅占7%。我们的研究表明，高达70%的中国对外直接投资是通过四个离岸中心进行的，即百慕大群岛、英属维尔京群岛、开曼群岛和香港。[2]

一般来说，中国企业在发达国家投资，是为了获得技术、研发能力、销售网络和品牌。例如，李明林、张洁音和彼得·加默尔措夫特（Peter Gammeltoft）的一份报告指出，中国在欧洲的研发国际化主要是由学习驱动而不是技术创新驱动的。[3]尽管如此，抛开意图不谈，欧盟委员会的一份报告发现，56 家中国企业在欧洲的研发投资增长显著（超过 3 500 万美元），其中华为是投资增长最快的公司之一，处于领先地位。[4]然而，2015 年中国大陆对欧洲的研发投资占欧盟前 1500 强企业研发投入的比例仅为 2.7%（中国台湾地区为 1.4%，韩国为 2.9%，日本为 21.9%，美国为 34.9%）。就投资金额而言，法国位居第一，其次是英国和德国。不过，法国获得第一名是因为其中一单交易，即 2011 年中国投资有限责任公司对法国天然气公司的 32 亿美元投资。如果没有这单交易，法国将排在第四位，在瑞典之后。除了自然资源行业，中国企业还在众多其他行业和资产中投资，包括制造业和服务业。就金额而言，中国最大的交易集中在公共设施、化工和汽车行业。

在宏观经济统计之外，我们关注的是企业层面的实际行为和战略，而这些可能不会反映在数据上。基于我们庞大的数据库和实证研究，我们可以描绘出一幅更全面的图景。我们的实证研究揭示了走向世界的中国创新者的三个突出特征：

- BAT 正在迅速国际化，为全球数字生态系统铺设基础设施。
- 技术驱动型创新者正在建立全球创新网络、创新基地和技术前哨站。
- 数字新生代企业正在输出它们的颠覆性商业模式。

我们的研究表明，所有四类创新者，特别是年轻一代，都在积极地走出国门。因此在未来几年，中国在海外的创新型企业数量将显著增加，其中包括数十家先锋企业、大量中小企业，以及传统和新兴行业的初创企业。这些中国创新企业不仅在海外销售产品，而且正在发展全球研发能力，并为海外市场创新产品、流程和商业模式。我们的研究揭示了中国创新企业走向全球的 5 种不同方式：

- 建立全球数字生态系统；
- 建立全球创新网络；
- 设立海外创新基地；
- 设立技术前哨站；
- 输出颠覆性商业模式。

全球数字生态系统：BAT

近年来，阿里巴巴及百度和腾讯战略性地将重点转移至开拓海外市场。它们在国际市场上获得了数亿用户，在美国、欧洲和亚洲建立了据点，截至 2019 年 8 月进行了 270 多项海外直接投资和收购，并迅速推广领先的数字支付、云和通信技术服务。虽然 BAT 的国际化仍处于初级阶段，数据和业绩相对有限，但我们的研究表明，BAT 正在采取一种混合型国际化战略，如阿里巴巴的国际化至少包括 5 个部分：[5]

- 国际化共享服务，如支付宝、阿里云和菜鸟智能物流网络；
- 设立海外分支，如在迪拜、法国、印度、日本、荷兰和美国进行绿地投资；
- 通过阿里巴巴网站、全球速卖通和天猫国际扩大跨境电子商务；
- 通过在纽约证券交易所上市打造国际声誉；
- 以多元化方式投资海外项目，初步瞄准美国及邻近的东南亚市场。

　　在跨境电子商务方面，阿里巴巴旗下的天猫国际是一个非常成功的海外产品采购平台，拥有来自84个国家或地区的近26 000个品牌，以及1亿多买家。此外，阿里巴巴的支付服务——支付宝，成功地成为海内外中国消费者境外购物的主要支付选择。截至2019年8月，阿里巴巴已经在24个国家投资了大约96个海外实体，从而极大地扩展了阿里巴巴的海外生态系统。

　　总的来说，BAT倾向于采用比较直接的方式，如建立子公司，直接推出产品，或利用投资和收购的方式进行海外扩张，它们之间的竞争也很激烈（见表7.1）。三家之中，百度是最先直接进军海外的，早在2006年就启动了百度日本项目。目前百度海外战略已经调整为在海外市场开发和推广移动软件工具，而不是推广其作为国内核心业务的搜索引擎，以避免在其他国家与谷歌搜索产生正面竞争。到2016年，百度的移动产品在海外拥有超过3亿月活跃用户。腾讯一开始是将游戏业务及其新的核心业务——微信国际化。微信在欧洲、东南亚和美国同其他即时通信工具，如瓦次普（WhatsApp）和连我（Line）竞争，并获得了超过2亿月活跃用户，腾讯的海外收入接近其总收入的5%。

　　在投资方式上，腾讯是BAT中最早的海外投资者，它在2005年完成了第一单海外交易，阿里巴巴是在2010年，而百度是在2013年。腾讯也是BAT中最活跃的海外投资者，到2019年8月，大约有141笔海外交易，而百度海外业务则是BAT中最不活跃的。此外，腾讯专注于早期投资，Pre-A轮或A轮投资占其海外投资的40%以上。行业分布方面，百度的投资没有具体的行业重点，阿里巴巴和腾讯则拥有各自青睐的优先投资行业，例如前者偏好为电子商务和物流等行业，后者则投资了不少前沿技术和游戏行业。此外，腾讯还是社交网络服务和数字医疗领域活跃的海外投资者。

BAT 拥有充裕的现金、丰厚的留存利润、巨大的国内用户群、全面的数字架构和先进的移动技术。在此推动下，BAT 不仅出口产品、服务，建立子公司，并且在全球范围内拓展其数字生态系统。BAT 通过有机扩张（建立子公司和推出新产品）和无机扩张（投资和收购）同时进行，以加快占领国际市场、获取前沿技术的进程。

表 7.1　BAT 的国际化

	百度	阿里巴巴	腾讯
成立时间	2000	1999	1998
进入海外市场	2006 年启动百度日本	1999 年启动阿里巴巴网站	2005 年进入韩国
国际用户数量	2016 年海外产品有 3 亿月活跃用户	天猫国际：近 26 000 个外国品牌和全球 84 个国家 / 地区的 5 300 个产品类别；2018 年全球速卖通：有 1.5 亿用户	2013 年微信拥有 2.7 亿海外月活跃用户 [a]
截至 2018 年海外收入占总收入比重	无相关信息	15%	5%
截至 2019 年 8 月累计海外投资项目	33	96	141
重点国家和地区	巴西、埃及、印度、东南亚、美国	印度、东南亚、美国	印度、东南亚、美国
投资重点	收购型	混合型	早期项目

资料来源：改编和更新自马克·格瑞文和韦薇的《中国的商业生态系统：阿里巴巴及百度、腾讯、小米和乐视》（Abingdon, UK: Routledge, 2018）。

注：a. 这是微信国际用户的最新数据。其后的年度报告中，腾讯只提供了合并后的用户数量，间接表明国际用户的增长或已经停滞。

全球创新网络

中国的创新者，尤其是技术驱动型企业，正在建立全球创新网络。这些创新者在国际化之前首先建立了一个强大的本土基地，因为这些先锋企业是由早期的企业家建立并领导的，他们并不太熟悉国外市场，同时也相对缺少海外经营经验。此外，由于它们的业务更加传统，渠道最初是线下的，因而在国际化的过程中遭遇了更多运营上的障碍。尽管如此，中国创新者中的先锋企业正在建立全球创新网络，以支持和促进它们的国际业务发展。接下来，我们用华为和海尔这两家企业的例子来说明这种模式。

华为

华为的国际化始于 1997 年，当时它进入了最大的新兴市场——俄罗斯和巴西，这一尝试基本以失败告终。到 2002 年，华为在国内市场首次出现历史性的负增长。面对国内市场的增长需求减缓，它意识到必须成为一个真正的国际性企业才能生存下来。有了第一次国际化尝试的经验教训，华为改变了战略，转而进入非洲和中东市场。这些地区尚未有任何新兴市场，增长速度远低于巴西、俄罗斯、印度和中国（原金砖四国）。华为基于三个因素在这些市场取得了成功：海外市场分析能力、本地化的市场方法，以及"铁三角"式的销售团队（包括客户经理、交付经理和解决方案经理）。[6] 到 2005 年，华为的海外收入超过了国内收入，新的国际化阶段掀开了序幕。

自 2006 年以来，华为开拓了欧美市场，获得了日本电报电话公司（NTT）和英国电信（BT）等全球性客户，并借此开始建立一个集运营、资源和研发于一体的全球网络。到 2017 年，华为已在 8 个国家建立了研发中心，且在各个国家都有特定的技术重点。例如，在美国，华为运营着一个新技术创新中心和一个集成电路研究中心；在印度，华为的重点是在本地软件研发中心进行软件研究；在英国，5G 创新中心专注于下一代通信技术和标准；在日本，华为在其工业工程研究中心，利用了日本在工业工程方面的传统优势和广泛的专业知识。

　　除了研发中心，华为还开展了各种研发合作。自 2006 年启动研发计划以来，华为已建立了 28 个海外联合创新中心。[7]这些创新中心主要与电信运营商（其主要客户）合作，但也与大学和外国政府合作。到 2017 年，华为通过这些创新中心完成了 100 个成功的项目。例如，沃达丰和华为共同建立了 6 个联合创新中心。事实上，作为华为领先的技术突破之一，一体化基站建网理念和解决方案正是源自其与沃达丰合作建立的这些联合创新中心。华为与沃达丰的合作是持续的，从 2006 年开始，每隔几年就有一个新的创新中心成立。除了直接合作，华为还在加拿大与卡尔顿大学（Carleton University）和泰勒斯公司（Telus）建立了企业云技术联合创新中心——泰勒斯公司是加拿大无线和互联网服务的运营商。建立联合创新中心的第三种方式是与外国政府合作。2016 年，华为与波兰国有机构——波兹南超级计算与网络中心，合作创建了一个新的创新中心。在印度尼西亚，华为开始与印尼政府的电信部合作，建立一个创新和通信技术中心。

　　华为不仅在电信技术方面与海外开展合作，还在新能源、数字医疗和智能交通等其他几个有前景的领域开展合作。华为正在世界各地的新兴和发达经济体发展全球研发网络，它专注于单一地点的特定领域，以此利用每个地区和国家的优势。对当地市场的深度渗透以及研发和创新中心的广泛网络，使得华为能够在探索全球技术标准的同时开发更贴近当地需求的产品。

海尔

1996 年在印度尼西亚，1997 年在菲律宾、马来西亚和南斯拉夫，以及 1998 年在伊朗开厂置业之后，海尔开始了其国际化进程。其中重要的一步是 1999 年在美国设立工厂，当时此举被认为相当冒险，海尔也因此与通用电气、美泰克（Maytag）和惠而浦（Whirlpool）形成了直接竞争关系。中国国内一家杂志甚至写了一篇文章"提醒"张瑞敏这一鲁莽的举动，尤其是在美国劳动力成本高、竞争激烈的情况下。通常，中国企业倾向于利用中国的廉价劳动力优势，不愿在发达国家建厂。但张瑞敏看到了全球化的趋势，看到了贴近客户、拥有更先进技术和人才的优势。最初，海尔在美国并没有明确表明自己是一家中国公司，而且海尔在美国销售的产品确实是"美国制造"，从而大大提高了美国本地客户的接受度。为了消除竞争，海尔最初只专注于两个利基市场：小型冰箱和电动酒窖。几乎是一时之间，张瑞敏的声誉就走向了国际。1999 年，《金融时报》将张瑞敏评为世界 30 位最有声望的企业家之一。最终，海尔证明了其大胆举动的明智。从 1998 年到 2001 年，海尔的海外收入从 6 000 万美元增加到 4.2 亿美元。到 2016 年，海尔海外收入占到其总收入的 56%。海尔每分钟在海外销售 125 件商品，是少数几家在境外开展全面本地化经营的中国公司之一。

在接下来的几年里，海尔在阿尔及利亚、埃及、约旦、尼日利亚、巴基斯坦、南非和突尼斯开厂置业，在意大利收购了迈尼盖蒂（Meneghetti）的一家工厂，并开始在欧洲的零售连锁店销售产品。到2003年，海尔已经是全球最大的冰箱生产商之一，尽管它仍处于低端市场。在收购美泰克失败后，为了提升自身品牌，海尔于2006年推出了自己的高端品牌——卡萨帝（Casarte）。这个新品牌独立于原来的海尔品牌，就像雷克萨斯（Lexus）独立于丰田一样。新品牌获得了《商业周刊》和红点奖①的几个设计奖项。与此同时，海尔采取了收购技术和品牌的战略，多年来收购了斐雪派克、通用家电和三洋（见第二章）。截至2017年，海尔在欧洲拥有3个品牌，在美国拥有3个品牌，在日本拥有2个品牌，这些品牌都聚焦于不同的利基市场。

为了支持世界范围内的多品牌战略，海尔通过研发实验室和海尔开放式创新平台两个部分建立了全球创新能力。

首先，海尔在澳大利亚、中国、欧洲、日本和美国共拥有5个研发实验室。在收购通用家电之后，海尔又增加了5个研发实验室，至此在全球范围内共有10个研发实验室。自2015年以来，海尔的亚洲研发总部一直设在日本，并在日本投资超过4亿元人民币。在过去的两年里，公司已经申请了多项技术和设计专利，如双驱动洗衣机、超声波局部清洗以及冷冻保鲜技术。海尔的研发中心基于平台形成了一个开放的系统，每个海尔研发中心既可以独立运作，也可以根据需要进行协调。与华为一样，海尔的研发中心根据当地的技术优势有不同

---

① 红点奖，源自德国，是与IF设计奖齐名的一个工业设计大奖，是世界上知名设计竞赛中最大最有影响的竞赛。红点奖与德国"IF奖"、美国"IDEA奖"并称为世界三大设计奖。——译者注

的技术专长。例如：美国的科技创新优势突出，海尔因此在北美开发了具有前瞻性的研发和创意平台；欧洲在技术转让、产品开发和工业设计方面具有优势，海尔因此将其核心技术研究和技术可行性分析引入了欧洲；日本中心注重精细管理和控制优势；中国国内的运营则注重产品的产业化。[8]

其次，海尔在其开放式创新平台 HOPE 的一个在线社区（见第二章）中挖掘了数千名外部专家，目标是未来可通过开放式创新开发超过一半的创新成果。在 HOPE 平台，研发人员可以通过互联网与 200 万用户进行互动，从而获取有关用户需求的大量数据。HOPE 中的一个有趣产品，是 2014 年推出的空气魔方（Air Cube）。这是一个智能空气质量控制设备，加湿和净化功能内置于 4 个模块，可由用户组装成 8 种不同的组合。用户有很大的自由度，可以在一台设备中自由设定空气质量控制。空气魔方由海尔开发，来自 8 个国家的 128 名内部和外部专家以及研究人员通过 HOPE 平台参与其中，在历经 6 个月，咨询了全球超过 980 万用户后，该团队消除了 122 个产品缺陷，并最终研发出满足消费者需求的产品。[9]

海尔不仅在海外市场发展了完全本地化的业务，而且在海外也有独特的创新模式。事实上，海尔搭建了一个贯穿 10 个研发中心及其开放式创新平台 HOPE 的大平台。作为一个真正的全球创新网络平台，海尔利用人才和技术在世界各地开发以客户为导向的创新产品。

新兴的海外创新基地

隐形冠军已经建立了海外创新基地，这是从我们的实证研究中发现的另一种国际化方式。隐形冠军通常已经是真正的市场领导者，其收入很多甚至大部分都来自国际市场。它们尚未在全球范围内建立全面的创新网络，而且往往也还没有实现产品的本地化。它们是利基市场的开发者，产品通常不需要本地化定制。因此，它们新建的海外创新基地更注重某一项技术的发展与提高，建立国际知识产权库，并利用它们在国际上建立自己的声誉。

例如，比华为和海尔年轻得多的海康威视，作为一个隐形冠军，已经在全球留下了足迹，其大约30%的收入来自海外。海康威视的国际化主要包括建立全球销售网络和子公司，与领先的行业伙伴开展合作，以及最近在北美建立了两个研发中心。[10]海康威视还建立了各种研究伙伴关系，包括联合实验室、产品开发和知识产权许可。它与德州仪器（Texas Instruments）在杭州有一个联合实验室，与英特尔在中国进行产品开发，并与美国领先的视频分析公司ObjectVideo签订了知识产权共享协议。新成立的蒙特利尔研发中心专注于应用领域的工程开发，而其在美国的第二个海外机构——硅谷研究所则专注于更广泛的技术研究。总而言之，海康威视已经建立了海外创新基地。

新能源产业的一个例子，是隐形冠军远景能源。远景能源成立于2007年，是全球十大风力发电机制造商之一，也是中国第二大风力发电机制造商。除了风力发电机技术，远景能源创新的物联网解决方案能够实现智能能源资产管理——智慧风场操作系统、阿波罗光伏云平台，以及全球5 000万千瓦新能源容量的总管理。[11]该公司在中国国内和海外市场都很活跃，它的风力发电业务已经在欧洲和美国成功实现了国际化发展，能源资产管理系统也赢得了大量的国际客户，如大西洋电力公司（Atlantic Power）、博勒飞（Brookfield）和美国最大的独立新能源运营商Patter。根据2016年对远景能源全球研发负责人的访谈，我们得出的结论是，远景能源是一家高度创新的新能源公司，利用其在风能、太阳能和智能能源资产管理方面的制造经验，它的海外创新能力是显著的，尤其考虑到它还是一个年轻公司。例如，远景能源位于丹麦的全球创新中心雇用了 40 名工程师，大部分来自丹麦当地的风力行业，他们专注于先进的风力发电机技术。它还在日本大阪有一个电池储能研发中心。为了发展其能源互联网平台，它在硅谷和休斯敦建立了全球数字能源创新实验室和中心，并在南京建立了数字能源软件研发中心。最近，该公司获得了欧盟基金"地平线 2020"（Horizon 2020）计划的资助，用于一项名为 EcoSwing 的超导风力发电机项目的技术研究。这项资助约 1 亿元人民币，由德国工程研究所 Eco 5、荷兰特文特科技大学以及其他几个行业伙伴共同使用。超导风力发电机样机计划在两年内推出，远景能源宣称这一革命性的技术可以降低 30% 的平准化度电成本（LCOE）。[12] 总之，远景能源已经建立了海外研究基地用以开发特定的技术，并致力于前沿技术的发展。

在另一行业，伊利集团是隐形冠军中建立了海外创新基地的典范。伊利成立于 1993 年，是中国乳制品行业中的一家私营企业，目前在中国市场占有率第一，2016 年占有 20% 的市场份额。[13] 除了新西兰的一家婴儿配方奶粉工厂，伊利在中国以外没有生产基地，目前主要面向国内市场。2014 年，在与丹麦、德国和意大利建立了合作关系后，伊利欧洲研发中心在荷兰瓦赫宁恩（Wageningen）成立。在此之前，伊利都是与当地机构合作，而不是伊利自己的研发中心，瓦赫宁恩研发中心是伊利在中国以外的第一个自己的研发中心。根据我们对伊利欧洲研发中心研发总监的访谈，之所以在瓦赫宁恩建立研发中心，显然是因为它在食品行业享誉世界，是"荷兰食品谷"的中心，集合了许多机构、研发专家和技术。[14]伊利的主要目标，是获取可用于国内市场的知识以及解决具体问题。公司希望将重点放在已确定的 5 个项目上，并为这些项目划拨了 100 万欧元的预算，项目包括为食品安全收集大数据、建立母乳银行，以及为大型养牛场开发粪便处理技术。伊利在当地的合作伙伴包括帝斯曼、荷兰皇家菲仕兰公司、荷兰乳品研究所、荷兰国家应用科学研究院（TNO）和瓦赫宁恩大学。该中心的重点是研发，希望为总部提供有用的技术和解决方案。不过，伊利公司目前还没有进入荷兰市场或开始在荷兰当地生产的计划。同丹麦、法国、德国和英国等其他欧洲国家的合作也是如此，其宗旨主要是服务于中国的研究和产品开发。

技术前哨站

除了上述三种全球化创新的方式，我们的研究表明，技术驱动型的中小型企业采用了另一种有趣的方法，我们称之为技术前哨站。采用这类方法的技术企业或黑马企业很早就开始进行国际化运营，它们的员工通常拥有精英化的国际经验和教育背景，并能够调动国外资源。考虑到企业的规模、市场重点以及经验，技术前哨站的目的主要是学习和观察。在某种程度上，这些技术前哨站是在全世界建立创新网络的第一步。像华为和海尔这样的先锋企业，在 20 世纪 90 年代也是先建立单一技术前哨站，后面才逐步建立起了真正的全球创新网络。

惟华光能是厦门一家首创第三代光伏电池技术的创新型企业（见第四章）。自成立以来，该公司一直致力于发展其核心技术（基于钙钛矿的光伏电池），其创始人作为瑞士联邦材料科学与技术实验室的研究员，有着强大的科研背景。[15]尽管惟华光能的大部分研发工作是在厦门总部进行的，但它已经开始走向国际，并创立了技术前哨站。2013年，该公司与德国领先的化工和制药公司默克进行了首次国际技术合作，这使它得以利用默克最先进的知识产权来进一步发展。此外，惟华光能还与相应技术领域的顶尖大学和研究机构合作，包括瑞士联邦材料科学与技术实验室、洛桑联邦理工学院和香港纳米及先进材料研发院。这些都是建立创新网络的开端，企业的国际视野借此得以打开。

另一个例子来自工业自动化领域。德马科技由卓序创建于1997年，是一家发展于浙江的私营企业，其总部、市场营销部、研发中心均设在上海，2016年公司收入突破4亿元人民币。作为中国最大的物流零部件供应商之一，它为电子商务、快递、制药、服装等行业的物流自动输送和分拣系统提供综合服务。在中国市场，德马的规模是全球市场领军企业英特诺（Interroll）的两倍。自2011年以来，公司已拥有150项专利、30个全球销售中心、4个国内制造基地和1个海外组装工厂。然而，在今天的中国，成功远非易事，德马在很长一段时间内一直都是技术型黑马企业。

德马面临的挑战是与拥有先进技术并占主导地位的外资企业，以及中国国内资源丰富的国有企业或上市公司竞争。黑马企业的特征一般是，它们在不断增长的利基市场中有着明确定位，德马也不例外，但它对学习的渴望使其与众不同。德马在与客户互动中进行学习，并与行业中的国际企业和机构建立了伙伴关系以合作开发技术，如自动装卸系统的领导者Ancra、荷兰希恩工业自动化公司（CSi Industries）、比利时英杰明（Egemin），荷兰EuroSort、德国弗劳恩霍夫研究所（Fraunhofer Institute）和日本北商株式会社（Hokusho）。这些技术伙伴关系主要是技术转让和许可，但是与弗劳恩霍夫研究所的合作主要是基于技术研发。虽然德马还远远不具备全球研发能力，其市场目前也主要局限于国内，但是它已经创建了海外技术前哨站来学习和开发新技术。德马虽还不是一个全球参与者，而且仍然保持低调，但它有潜力成长为行业内的全球冠军。

中国的私营中小企业并不是唯一在海外设立技术前哨站的中国企业。在一项关于中国在荷兰研发情况的调查中，我们观察到至少有 8 家中国国有企业正在建立海外技术前哨站，[16] 如徐工集团（工程机械设备）、中集集团（运输设备）等企业。湘电集团（风力发电设备）收购了濒临破产的荷兰技术公司，以获得新技术。其他公司，如江铃汽车和海信（现已撤资），也已经在荷兰建立了子公司，专注于研发。它们的主要动机是获得技术和市场准入，有意思的是，它们往往集中于探索技术而很少将技术带回中国。中国的母公司并不寻求转让某项特定技术，或重组这些海外子公司，而是希望保持被收购公司的现状，并利用其创新能力，包括较"硬"的技术开发能力，以及较"软"的创新管理能力。

天生全球化：输出颠覆性商业模式

我们在研究中观察到的第五种方法主要表现在新生代企业身上。首先，过去几年创立的创变者和年轻企业，与技术驱动型的先锋企业、隐形冠军或黑马企业不同，新生代企业家更年轻，是数字原生代，而且往往拥有海外经验。许多由"90 后"创立的企业或专注于"90 后"的企业并不那么谨慎保守，而更愿意冒险。其次，由于这些年轻创业者创立的新企业大多从一开始就是数字化和网络化的，因此将它们的商业模式输出到国外，壁垒较低，可以避免许多国外传统行业的线下挑战。例如，摩拜和滴滴出行等企业正在输出其颠覆性商业模式（见第五章），这么做的主要原因是需要尽快扩大规模，特别是考虑到这些企业的巨大估值。最后，我们还看到，许多其他新生代企业的市场估值可能较低，但它们从一开始就输出了自己的颠覆性商业模式，它们可称为中国的"天生全球化"企业（见表7.2）。

表7.2　中国的"天生全球化"企业

案例	成立年份	科技领域	国家	海外市场份额（%）	收入规模	风险投资
猎豹	2010	移动网络	欧洲、北美	67（2017）	50亿元人民币（2017）	在纽约证券交易所上市
大疆	2006	无人机	非洲、欧洲、东南亚、北美	80	180亿元人民币（2017）	C轮融资
妈妈咪呀	2014	社交媒体	北美	100	2亿用户	2017年11月被今日头条收购
蔚来	2014	新能源汽车	德国、英国、美国	无法获取	无法获取	Pre-IPO
木瓜移动	2008	大数据营销	欧洲、北美	100	4.6亿元人民币	新三板上市
云麦	2014	智能家居	日本、北美、韩国	30（2016）	1亿元人民币	B轮融资

资料来源：作者的研究。

猎豹移动公司（前身为金山网络）成立于2010年，由金山安全和可牛影像合并而成。该公司为手机开发工具，如浏览器、系统清理、照片修饰以及电池管理工具。在非游戏类领域，猎豹移动的应用程序位列谷歌商店安卓应用程序市场的全球前三。2014 年，它的产品猎豹清理大师（Clean Master）在 63 个国家的移动工具列表中排名第一，用户评分为 4.7，甚至高于谷歌地图和脸书。另一个应用程序金山电池医生（Battery Doctor，一个免费工具），在 50 个国家的应用程序列表中排在前五。它的照片应用程序相格（Photo Grid）在美国非常流行。它2016 年推出了自己的第一款社交媒体产品，一款名为 Live.me 的流媒体直播应用。到 2017 年 1 月，这个应用成为美国最受欢迎的社交应用之一。[17] 2016 年猎豹公布的收入为 46 亿元人民币，其中超过 65% 来自海外，公司估值为 16 亿美元。

另一家年轻但全球化的企业是云麦科技，由年轻的企业家汪洋创立于 2014 年。汪洋，1990 年出生，是一个持续创业者，在高中的时候就创办了他的第一家公司。在创办云麦之前，汪洋成立了两家不同的企业，其中一家已被猎豹移动收购。此外，云麦与猎豹移动的联系非同寻常，因为猎豹的创始人傅盛是云麦的天使投资人。云麦推出了一款包括关联应用程序和健康数据云在内的智能体脂秤，它的第一个产品原型在其成立后两个月即发布，并在一个月内销售了 1 000 台。第一年，云麦在京东商城的"双十一"购物节当天就卖出了 5 000 台，这是其产品类别中最好的成绩。云麦的产品包括一些以客户为中心的创新，例如可在地毯上使用，根据亚洲人体态进行的客户定制产品，以及强制提醒功能。它以 99 元的定价出售，这一价格比大多数竞争对手都便宜，非常具有市场颠覆性。它的海外发展和国内发展一样快。2015 年，该公司凭借精明的社交媒体营销手段进入韩国市场，并获得韩国明星的代言，从而占据了韩国市场第一的位置，一年内卖出 60 万台。取得初步成功之后，它于 2016 年进入加拿大、日本、英国和美国市场，并在中国以外销售了 3 000 万台。2017 年 5 月，云麦在一家韩国投资者的牵头下，在 B 轮融资中筹集了大约 1 000 万美元。[18]

2016 年，《福布斯》杂志称妈妈咪呀（musical.ly）为"美国最热门的新应用"。2014 年，创始人朱骏和阳陆育在上海第一次创业（一款互联网教育视频应用）失败后，联合创办了妈妈咪呀。妈妈咪呀的创意来自创始人的硅谷旅行，他们在那里注意到一群在路上制作短视频的年轻人。[19]朱骏认为他们可以做一些类似的事情，但是要用音乐片段。2014 年 7 月，仅仅经过一个月的开发时间，该公司就在美国和中国同时推出了这一产品。该产品主要是一个歌曲数据库，用户可以录制 15 秒的视频并配上音乐，然后在所有可用的平台上共享这一视频，并转发、评论和点赞。自在美国发布以来，妈妈咪呀每天都有 500 到 1 000 次新的下载。起初，公司以为大学生会是第一批接受这一产品的人，但实际上高中生一直是它最大的受众群体。2015 年 4 月，它的第一轮投资来自猎豹移动，投资额为 500 万元人民币。2015 年 7 月，妈妈咪呀已经成为美国的顶流应用，2016 年稳定在大约 5 500 万月活跃用户。

木瓜移动是一个社交游戏平台，由女企业家沈思创建于 2008 年，她在清华大学和斯坦福大学获得学位后曾在谷歌担任产品经理。2008 年，中国的智能手机市场尚未腾飞，在中国推出这一社交游戏平台还为时过早，于是沈思决定先从欧美市场开始。木瓜移动的主要产品是一个集成了数百个社交游戏的移动社区。到 2011 年，木瓜移动拥有超过 2 300 万的注册用户，其中 80% 来自欧洲和美国。因为木瓜移动的社群大多是国际性的，中国用户可以利用这个平台来结交新的外国朋友，该平台因此开始吸引中国用户。为了从用户身上获取收益，该公司建立了一个广告平台，后来发展为一个新的广告技术公司。正在向全球市场扩张的中国互联网公司的需求正在增长，木瓜移动也因此获得了许多知名客户，包括阿里巴巴、百度、奇虎360和唯品会。木瓜移动的估值为22亿元，预计2016年营收10亿元，净利润1亿元。[20]尽管表现良好，但木瓜移动在互联网广告领域仍面临激烈的竞争，如小米推出了名为小米营销的广告平台，以使广告成为其主要的收入来源，猎豹移动在2015年6月推出了全球广告平台，木瓜移动的竞争对手还包括像脸书这样的国际巨头。

蔚来是一家真正的全球初创公司。2014年11月，李斌在百度、高瓴资本、京东、联想、红杉资本、顺为资本、淡马锡和腾讯等知名投资者的支持下成立了该公司。截至2018年4月，该公司在伦敦、慕尼黑、上海和硅谷四个地点雇用了来自40个国家的4 000名员工，其中大部分是工程师。蔚来总部设在上海，其产品设计来自慕尼黑，自动驾驶研发团队设在美国圣何塞。2016年，该公司首次在全球推出电动跑车——蔚来EP9，并于2017年12月推出SUV蔚来ES8。蔚来已经获得了上海发放的第一批无人驾驶汽车道路测试许可牌照。它是中国众多电动汽车初创公司之一，也是为数不多的"天生全球化"企业之一。

大疆是一家生产商用和消费级无人机的中国公司，占全球无人机消费市场份额的70%。2006年，汪滔在他香港科技大学的宿舍里创办了大疆，当时他正在那里攻读工程学硕士。大疆在成立的第一年里没有销售任何产品，所有的钱几乎都花在了研发上，也没有任何广告投入。公司最大的两个股东是汪滔父母的朋友陆迪和他在香港科技大学时的教授李泽湘，二人的资助使汪滔能够在经济困难的初期生存下来。从 2010 年到 2013 年，大疆的员工数量从 50 人增长到 1 500 人，2013 年发布的第一款机型大疆精灵（Phantom）很快就获得了成功。

大疆目前在中国北京、香港，还有德国、日本、荷兰和美国设有办事处，为当地客户提供必要的服务。它在世界各地都有业务合作伙伴，并通过自己的网站销售无人机。公司的主要重点是研发，研发支出占了收入的 10%。2015 年，大疆从阿塞尔合伙公司、麦星投资和红杉资本等知名投资者那里获得了逾 1 亿美元的投资，其估值约为 80 亿美元。大疆也已经建立了许多国际合作伙伴关系。例如，与测量和现实捕捉技术的全球领先者徕卡测量（Leica Geosystems）合作开发最好的无人机摄像头，这帮助大疆在 2016 年轻松驾驭无人机浪潮。为了在竞争对手中保持领先地位，大疆还通过投资软件开发工具包——一个允许个人和公司对大疆无人机进行编程以满足其需求的平台，来试图进入农业、科学、搜索和救援以及监控等利润丰厚的市场。总而言之，大疆从一开始就以一种颠覆性商业模式输出其无人机，取得了令人惊叹的成绩。

中国企业全球创新面临的挑战

尽管中国创新企业拥有诸多优势，但我们不能忽视它们在全球创新时，包括在专利许可、技术转让、联合创新中心和海外研究项目中面临的诸多挑战。根据目标国家的不同，我们可以将中国创新企业实施的全球创新策略分为三种类型：

在其他新兴经济体的创新（如巴西、印度和俄罗斯等）：因为中国和其他新兴市场国家在制度上有很大的相似性，对于选择在这些市场上创新的中国创新者来说，可能仅存在有限的挑战。

在发展中经济体的创新（非洲、东欧、南美和东南亚，包括孟加拉国、尼日利亚和越南）：考虑到这些地区经济发展程度不高，人才等相关资源有限，在这些市场进行创新并不是中国企业目前的真正目标。事实上，本书提到的公司并没有选择在这些经济体中进行创新。但鉴于当地的成本优势，将发展中国家作为生产基地仍是不错的选择。目前，在中国制造成本快速增长的压力下，许多中国企业正将工厂从中国转移到这些国家。从长远看，研发能力的提高可能与当地的生产能力息息相关，正如跨国公司在中国的发展过程一样，从最初的只注重生产转变为后来的本地化创新，最后乃至向全球输出创新。

在发达经济体的创新（如北美和西欧等）：发达经济体是最有吸引力的创新投资市场，因为它们为中国企业提供了最可能的收益和最大的挑战。发达经济体拥有最成熟的市场、最丰富的人才库、最优秀的科学研究机构和最具创造力的技术发明，是创新的沃土。我们的研究发现，目前中国的创新者大多将它们的创新全球化拓展到发达经济体。

以下我们总结了中国创新者在发达经济体进行全球化创新所要面临的主要挑战：

全球人才开发：为了实现创新活动的全球化，中国创新者需要建立一个全球人才库。如此一来，它们既可以自行发掘人才，如招聘当地的应届毕业生，也可以从竞争对手那里吸引有经验的人才。无论采用哪种方式，在与当地知名公司和其他西方跨国公司竞争聘用顶尖人才时，它们都将面临诸多挑战。

有限的知识产权管理经验：中国创新企业的知识产权管理经验可能不足以应对海外复杂的专利管理环境，也不足以与海外在位企业展开专利战。

中国企业的负面声誉：尽管海尔和华为等中国创新企业取得了成功，但中国产品和企业在海外的整体负面形象不容低估。国外对中国人缺乏创造力和原创性的刻板印象，将成为中国企业获取相关创新资源的障碍。

植根本地的商业模式：中国创变者的许多商业模式都建立在植根本地的生态系统之上。这个生态里包含了公司、产品、服务和技术。在海外建立这样的本地生态系统挑战很大，所需要的时间更长。

建立基础技术能力：虽然以客户为驱动的创新方式在中国十分有效，因为中国企业非常了解中国客户，但在国外就不会那么容易了。事实上，高度以客户为导向的研发文化，可能会成为在国外建立基础技术能力的障碍。

陌生的制度环境：尽管年轻一代企业家大多具有国际经验，但中国企业总体上缺乏海外市场经验。因此，它们可能不熟悉国外的制度环境和行业法规，而这些正是成功开展创新活动的关键。

产品公司生产和研发分离：大多数中国创新者在国外没有生产设施。对于中国的产品公司来说，在周边没有生产部门的情况下进行研发将会是一个巨大的挑战。

语言和文化的隔阂：这听起来微不足道，但语言实际上是中国企业寻求国际化的最大障碍。中国和西方之间的文化差异也可能造成问题。如果没有培养出真正的跨文化能力，中国的创新者在国外的创新实践将会面临重大挑战。

结语

在外资企业探索在中国创新的巨大潜力的同时，中国企业也一直在海外寻找创新机会。特别值得一提的有以下三点：

中国创新者正在走向全球——不仅有先锋企业和隐形冠军，还有年轻的黑马企业和创变者。

中国创新者在实现创新能力全球化方面有 5 条不同的路径：建立全球数字生态系统、建立全球创新网络、设立海外创新基地、设立技术前哨站，以及输出颠覆性商业模式。

中国创新者在创新全球化的过程中面临着巨大挑战。因此，并不会出现中国创新企业在海外突然激增的情况。但可以预见的是，中国创新企业将越来越深入地参与到全球创新之中。

第八章
从先锋企业到创变者的启示

中国创新企业已经成为国内外各类商业领域的重要竞争者。在过去的 10 年里，许多在位企业和跨国公司都对此感到惊讶，而与此同时，新兴企业也迫不及待地加入了这场游戏。中国创新者不仅包括先锋企业，也包括隐形冠军、黑马企业和创变者。作为结论部分，本章将围绕一系列管理方面的问题，讨论对中国创新企业的思考，以及从其身上得到的启示。在同商界领袖和专家们的交流中，我们总结出了关于中国创新企业他们最想了解的 8 个问题：

- 谁是中国的创新企业；
- 中国创新企业的核心特征；
- 中国创新企业的独特之处何在；
- 中国创新企业能否在国外复制其成功经验；

- 中国创新企业面临哪些挑战；
- 跨国公司该如何应对中国创新企业；
- 中国的创新是否可持续；
- 中国如何改变全球创新的竞技场。

谁是中国的创新企业

我们的研究确定了中国创新企业的四种类型，表 8.1 概括了这四类中国创新企业的主要特征。

表 8.1　中国创新企业的四种类型

类型	市场	履历	规模（美元）	曝光度
先锋企业	大众	在位企业	收入 100 亿及以上	高
隐形冠军	利基	在位企业	收入 50 亿以下	低
黑马企业	利基	新晋企业	收入 6 000 万以下	低
创变者	大众	新晋企业	估值 10 亿以上	高

资料来源：作者的研究。

先锋企业是从零开始，最终成功成长为具有创新能力的大型国内企业或国际性企业。其收入至少在 100 亿美元以上（含 100 亿美元），市场份额居全国前三。这些企业大多是由"草根"阶层的第一代企业家花费三四十年时间创建起来的。先锋企业创新者中的一个特殊群体是中国第一代互联网创业者，他们是出现于 20 世纪 90 年代末的行业佼佼者，并已成长为中国和世界其他地区的数字巨头。

隐形冠军是中型利基市场的领导者。其收入低于 50 亿美元，国内市场份额占有率居于前三，而且往往也是全球前三。尽管金风科技、海康威视和迈瑞医疗等公司的成功，已经逐渐吸引了媒体的关注，但总体上讲，这类公司的创始人几乎不为人熟知，他们保持着低调的公众形象，公司整体的知名度也不高。

黑马企业成立于 2000 年后，是由创新技术驱动、拥有重要知识产权的中小企业（据中国工业和信息化部制定的标准，中小企业的营收低于 6 000 万美元或员工不到 1 000 人）。创始人通常是低调的科学家或工程师，并具有海外教育背景和工作经验。目前为止，此类公司在我们的创新者中是规模最小的，但在数量上是最多的。它们关注特定的利基市场、创始人较低调、规模较小，这些特点使得它们在国内外媒体上几乎不为人所知。图 8.1 比较了四类创新企业的媒体曝光度。

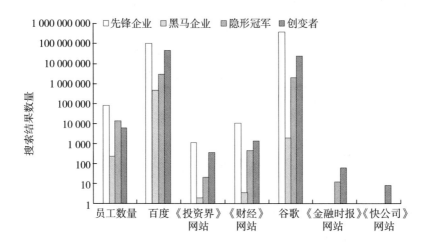

图 8.1　中国四类创新企业的媒体曝光度

创变者一般是独角兽企业（市值超过 10 亿美元），由数字化创新驱动，拥有巨额风险投资支持，多于 2007 年后成立。此类公司是我们所讨论的创新企业中最年轻的，但知名度几乎与经验丰富的先锋企业相当。创变者专注于开发数字化产品、颠覆现有市场，而不是开拓新的技术领域。

中国创新企业的核心特征

在中国，这四类创新企业的差异，不仅体现在年龄、规模、市场重心、知名度等特征上。我们的研究还确定了每类创新企业的核心特征，如表 8.2 所示。首先，这些特征有助于更好地了解公司的创新内容和方式。如隐形冠军的产品创新能力强，先锋企业的组织创新能力强。其次，比较这些特征有助于让我们认识到，这四类创新企业之间的差异非常显著，它们采取的竞争方式也不同，不能一概而论。例如，创变者行动迅速，因为对它们来说，速度比获利更为重要，而黑马企业则专注于技术突破，以超越市场上其他竞争者。最后，这些特征有助于我们了解不同公司的竞争优势，以及跨国企业如何在合作中利用这些优势，投资这些优势，或在国内和国际市场上与这些优势竞争。例如，隐形冠军积累了技术优势，奠定了其在利基市场的强势地位，而创变者拥有较高的知名度和巨量的资本支持。

表 8.2　中国四类创新企业的核心特征

中国创新企业类型	核心特征
先锋企业	技术创新 敏捷组织 通过收购进行创新 商业生态系统 社交媒体营销
隐形冠军	根源迥异的快速增长 强大的研发能力 持续的产品创新 利用"隐形"优势 全球创新者

（续表）

中国创新企业类型	核心特征
黑马企业	精英企业家 较早的国际接触 低调行事 尖端科技 利基创新者
创变者	新生代企业家 数字化颠覆性创新 风险资本推动 高曝光度 对速度的追求

资料来源：作者的研究。

中国创新企业的"冰山"

当我们观察中国创新企业的数量时，一幅惊人的图景浮现在我们面前。中国创新企业中，约有 30 到 40 家具有全球影响力的先锋企业，有大约 200 到 300 家隐形冠军。这两类创新企业已经成立多年，并且积累了丰富的经验和声誉。然而，这只是中国创新企业的冰山一角。根据公开信息，2016 年，中国约有 80 家独角兽企业，其中大多数是数字化创变者。我们预计，大约有 50 家创变者有潜力在相当短的时间内成为全球创新冠军。除此之外，还有数以万计的黑马企业。只算那些参与技术型创业竞赛的企业，就已经超过 5 万家。如果我们关注一些特定行业，例如新能源领域，仅 2015 年就有 1 500 家科技企业成立。在大数据领域，位于贵阳的国家产业基地，有超过 17 000 家科技企业注册。因此保守估计，黑马企业的数量超过了 10 万家。它们才是中国创新企业的真正"冰山"。

中国创新企业的独特之处何在

我们承认中国创新生态系统有其独特性（见第一章）。首先，市场的不断变化和地区的差异性，为中国企业的创新制造了强烈紧迫感。如果不持续开发新产品、新服务、新流程、新商业模式和新技术，中国企业很容易失去竞争优势或错失新机会。这种创新的需求并非来自国际压力或在华外资企业的发展，而是源于根基强大、不容忽视的市场驱动。其次，中国的创新环境良好，并且正在不断改善（见第一章）。即便是常被人诟病的知识产权保护的缺陷，如今也不再是中国企业面临的主要制约因素。尽管存在地域集中性，但获得关键资源（如资本、人才和知识）的途径还是非常畅通的。正是在这种独特的背景下，我们对中国创新企业及其创新方式进行了评估。

在不确定性中苗壮成长：六种创新方式

中国的创新企业已经发展出了一种独特的创新风格。第六章概述了中国创新的六种方式，这里我们结合案例突出其关键要素：

群聚思维：是指大批创业者集体追求相似的市场机会，而不是注重差异化和个体的独特优势。大量的中国创新企业，会涌向特定的新兴领域。例如，在支付宝推出并取得成功后，其他公司也纷纷涌入。截至 2016 年底，中国政府已经颁发了超过 250 张第三方支付服务牌照。类似地，在 ofo 小黄车和摩拜取得初步成功后，全国各地涌现出数十家新的共享单车公司，其中很多都非常本地化。

不断修补：快速试错和学习的模式下，创业者会将"差不多"的产品和服务投放市场，而不是一开始就开发接近完美的产品。随着需求的不断变化和客户的日益复杂，创新企业几乎不可能遵循传统的市场研究逻辑，即焦点小组访谈、门径管理模式，以及在大量的战略性新兴商机不断涌现的情况下对新产品研发进行线性规划。相反，中国的创新企业倾向于修补（或者用卡尔·韦克的话说是"拼凑"），它们深入了解可用资源，认真倾听和观察客户，对自己的想法抱有信心，寻求反馈以进行更新和自我修正。例如，小米在 MIUI 操作系统准备就绪之前就对外发布，并且在推出之后每周都会进行更新升级。同样，摩拜最初将初级单车投放在街头，当了解到消费者想要什么后，迅速对单车进行了技术创新升级，如更换实心轮胎，用轴传动代替传统的链传动，安装带有远程通信功能、内嵌 GPS 和报警模块的智能锁，等等。

以客户为驱动：倾听客户有助于深入了解市场并关注本地化需求和特殊需求，而不是仅仅标准化批量生产。中国的创新企业对特定的，有时是特殊的客户需求非常敏感，部分是由于市场规模大（在中国即使是利基市场，规模也不会太小），但更重要的是，中国的创新企业一直愿意为客户量身定制，并为此付出加倍的努力。例如，海康威视拥有世界上种类最多的智能安全摄像头，其产品适用于各种应用场景，从小型街道商店、婴儿房到亚马逊大大小小的仓库和机场。同样，著名的"好孩子"婴儿推车种类繁多，以至于外国父母也已经被这种以客户为驱动的发展理念征服。

持续技术升级：中国创新企业往往处于红皇后竞赛中。[1] 为了在竞争激烈的环境中生存并发展，企业不得不持续升级现有技术，以适应不断变化的商业环境。许多企业进行创新，只是为了保住其当前的竞争地位，而不是为了领先。尽管中国创新者，尤其是先锋企业和隐形冠军，一度在较低端的技术基础上运作，但它们不断推动增量式和基础式研发，以快速升级其技术。例如，像迈瑞医疗这样的隐形冠军不断升级其产品，以保持在利基市场的领先地位。这通常不会带来新的竞争优势，但却能让它们保持足够的竞争力，从而生存下去。此外，持续快速升级技术的能力表明，尽管大多数中国创新者不是激进的技术创新者，但它们正在迅速学习和追赶。黑马企业显然是这一规律的例外，因为它们从一开始就致力于开发尖端科技。

快速集中决策：创始人和领导者的频繁干预，确保决策过程虽不那么规范但十分迅敏，这样也给整个企业带来了快速解决问题的主动性和灵活性。中国的创新者非常果断，有时甚至为了更快地做出决定而忽略潜在的相关信息。虽然建立共识的基础上再做决策有它的好处，但中国创新企业更注重的是速度。例如，吉利从生产摩托车转向生产汽车只用了一年时间。比亚迪能够冒着很大风险迅速进军电动汽车领域，也正是因为王传福的果断推动。联想的新采购云平台使多个流程可以并行运作，从而加快了整个采购进程。海尔的新产品开发周期比大多数竞争对手的都要短，例如海尔新型油烟机从最初的市场需求到产品上市仅用了 4 个月时间。

无边界思维：在中国创新企业中普遍存在这样一种思维模式：迅速与外部合作伙伴联动，以寻求机会、调动资源。尽管它们的这种行为有时看起来随意，但不可否认的是它们总是在寻找相关资源以进行整合或重组。无边界的思维方式使创新者可以更快地适应环境变化，因为它们拥有更多信息，并且可以在较早阶段就掌握这些信息。例如，BAT 的整个组织逻辑都建立在这种思维上——由相互依赖的业务组成商业生态系统。实际上，不论是大型企业还是黑马企业，都表现出了无边界思维。例如，惟华光能在其产品开发和进入市场的早期阶段就开展了各项合作。

　　我们承认这六种创新方式并不新鲜，但中国创新企业将它们结合起来后，却形成了一种独特的创新风格。图 8.2 展示了中国创新企业在不确定性中蓬勃发展所采取的六种创新方式。中国式创新的最独特之处也许在于，它能够在不确定性中茁壮成长，而不是试图管理或对抗不确定性。在某种程度上，中国创新企业更喜欢动态环境，因为它们在这种环境中更有能力竞争。如果从传统的角度来看待创新，我们就无法解释为什么中国企业在创新方面做得如此出色。例如，传统的门径管理模式和创新系统方法，会假定环境的相对稳定性和较低复杂性。相比之下，我们的研究展示了一种不同的创新视角，并识别出了可以让企业在不确定性中茁壮成长所需要采取的行动。这些发现不仅适用于其他新兴市场，而且对在发达市场竞争的中国企业也有借鉴意义。由于数字技术的颠覆，最近 VUCA（易变性、不确定性、复杂性和模糊性）之类的术语，开始频繁出现在对欧美市场的描述中，而中国的创新企业可能比欧美公司处于更有利的位置，因为它们能够在这样的环境中生存和繁荣。

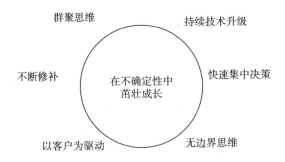

图 8.2　在不确定性中茁壮成长：六种创新方式

资料来源：作者的研究。

中国式创新：与硅谷和亚洲"四小龙"的比较

为了将中国的创新方式与其他创新生态系统进行比较，我们选取了硅谷和亚洲"四小龙"作为两个典型案例。我们将本章前文和第六章中描述的六种中国创新方式，与硅谷和亚洲"四小龙"的创新特征进行了比较。硅谷和亚洲"四小龙"都成功地展示了特定地区如何能够迅速成为全球创新热点。

硅谷是世界上许多大型高科技公司的所在地，包括 39 家位列《财富》100 强的企业总部以及数千家新兴初创公司。硅谷还包揽了美国风投资本总额的三分之一，这已使其成为高科技创新和科学发展的主要枢纽和创业生态系统。[2] 硅谷发展的关键因素包括政府支持、富裕阶层和科技人才的聚集。硅谷文化通常被描述为一种特别的企业思维模式，包括接受失败、不断试验、梦想远大的英雄企业家、技术驱动的产品创新、新颖的商业模式、高流动性的人才供应，以及投资者、创业者和客户之间强大的自我强化反馈网。

与硅谷的创新者相似，中国的创新者喜欢不断修补升级和运用无边界思维。中国和硅谷都拥有发达的本土生态系统，如有大型科技企业、顶尖高校、充沛的人才和资本，这些造就了强大的创新地域环境。但总体而言，中国创新者的方式与硅谷的传统大不相同。一个关键的区别在于，来自硅谷的公司倾向于在差异化和高科技领域竞争，试图成为独一无二的颠覆者；相反，中国的创新者经常"群策群力"，当一个新机会吸引了中国的许多创业者和公司时，群聚创新就会发生。其次，硅谷的创新者通常从尖端科技入手，然后将新产品推向市场，它们还培养了强大的文化和营销推广能力。然而，中国的创新者更多是由客户驱动的，并且倾听当前的市场需求。鉴于中国庞大的市场还在开拓中，消费者没有固化下来，其整体行为还难以预测，这样的创新方式也就不足为奇了。再次，硅谷的创新企业在知识产权上竞争激烈，而中国的创新企业只是在逐渐开始采取知识产权保护措施。最后，硅谷的文化更加多样化，创新者来自世界各地，更具有全球化视野，并在国际市场上怀有较大抱负。而即便在北京、广州、上海和深圳这样的一线创新生态体系中的企业，也大多是由中国人创办，并聚焦中国市场，也就是说，它们更加具有本土特性。

亚洲"四小龙"及其创新型经济体不同于硅谷和中国内地。中国香港、新加坡、韩国和中国台湾经历了快速的工业化、技术创新和发展，保持了较高的增长率（每年7%到8%）。这四个国家或地区在基础设施建设和人才教育方面进行了大量投资，培养并留住了一批人才以助力进一步发展。亚洲"四小龙"大部分是由政府组织并控制商业系统，政府在协调经济利益、分配人才和资本等资源方面发挥着重要作用。例如，韩国商业系统的特征是大财阀、大商业集团主导，这些财团可以协调各种资源，在其控制范围内能够实现自给自足。这些公司高度集中，通过相关多元化战略^①发展壮大，通常是纵向整合价值链。由于大部分企业都是自给自足和一体化的，所以它们的外部网络有限。这种浓厚的家长制和长期雇佣文化，与硅谷、中国流动的劳动力市场和快速决策明显不同。这些公司领导与政治精英关系密切、利益一致，高度依赖国有银行和机构。

中国内地创新者的方式在某些方面类似于亚洲"四小龙"。首先，

---

① 相关多元化战略是指，进入与公司的业务在价值链上拥有竞争性的、具有价值的"战略匹配关系"的新业务。——译者注

两者都采取网络化、集成生态的方法来组织创新，亚洲"四小龙"和中国内地企业在商业活动中都需要紧密的协调。其次，两者都是从低端市场起步，但在技术和市场定位上都能迅速升级，不仅在成本和流程方面进行竞争，同时在技术和知识领域开展竞赛。再次，时间线相似，亚洲"四小龙"和中国内地的创新企业大约都花了二三十年的时间脱颖而出。然后，两者都经历了不断尝试更新组织及管理模式的过程。最后，与亚洲"四小龙"相似，中国政府在提供直接政策和补贴支持的同时，也通过限制某些行业的外国竞争者进入以间接支持本土企业创新。

尽管如此，中国内地的创新企业与亚洲"四小龙"的创新企业存在显著差异。首先，两者背景差异显著，包括市场规模、全球影响力、政治制度和竞争性质。其次，与中国内地相比，亚洲"四小龙"的创业活动少得多，创业者数量也少得多。在这样的环境下，群聚思维是不可能的。再次，亚洲"四小龙"不太会接受试错和迭代，因为它们的商业活动有很强的全局协调性，对失败的容忍程度较低。中国内地市场竞争十分激烈，有更大的创新空间。事实上，中国政府鼓励在市场和制度上进行改革创新，比如设置了经济特区和自由贸易区，可以进行先行先试，等等。最后，中国的国有银行和国有机构与私营企业在所有制上是不同的，政府肯定和支持私营企业的发展（就像亚洲"四小龙"那样），但直接干涉并不是那么明显。

将中国式创新与硅谷、亚洲"四小龙"的创新进行比较，我们发现既有相同之处，也有不同之处。然而，相比而言，差异显然更大，可以说，中国的创新方式确实是自成一格的。中国创新企业能否以及在多大程度上可以把它们的成功经验复制到国外，哪些方式只适用于中国，哪些可以输出到海外？这些问题将是我们下面讨论的重点。

中国创新企业能否在国外复制其成功经验

中国创新企业正将目光投向境外，它们开启了国际化的征程（见第七章）。先锋企业和隐形冠军有更多的时间去体验和适应国外市场，但黑马企业和创变者却是新手。在位企业在境外多大程度上复制了它们在国内的创新方法？新晋企业在国外取得类似成功的可能性又有多大？

我们认为，中国企业的部分成功经验肯定可以在海外复制，然而，某些条件和方法不能移植到其他市场，表 8.3 总结了在国外复制中国创新者道路的可行性和局限性。

表8.3　中国式创新能否在海外复制?

市场优势	在中国境外不具备的条件	在中国境外仍可利用的条件
	经济规模 增长速度 政策保护 薄弱的知识产权保护	强大的本土基础 资本供应 政府大力支持 紧迫感
创新方式	**难以复制的方式**	**可能移植的方式**
	群聚思维 以客户为驱动 无边界思维	不断修补 持续技术升级 快速集中决策

资料来源：作者的研究。

中国创新企业成功的一些驱动因素显然是中国特有的。首先，中国的经济规模和庞大的客户群，是其他任何经济体都几乎无法相比的。印度虽然拥有一个与中国规模相当的市场，但印度还未产生蓬勃发展的消费经济。其次，中国经济的增长速度虽然并不是史无前例的，但考虑到经济规模及其持续扩张，也不太可能再出现第二个能像中国那样迅速增长的大型市场。增长速度和增长动力是创新的关键驱动因素，无论是在产生紧迫感还是在市场容错率方面均是如此。再次，中国政府已经确定了几个重点发展的产业，包括新能源、医疗保健、互联网和航空航天。这些行业往往能享受某些政策倾斜待遇，能够获得政府支持，外国公司更难进入。尽管中国互联网经济的发展并不是因为"防火墙"限制了外国竞争对手，但这也是政府大力支持的一个典型例子，在其他行业同样如此。最后，由于中国的监管体系还处于发展完善阶段，监管的执行力相对较弱。例如，知识产权法律法规的执行力度仍然有限，这导致中国企业缺少规范使用知识产权的动力。小米在 2014 年进入印度时就深受其害，因为它当时缺乏强大的知识产权基础，侵犯了多项知识产权，随即被爱立信起诉。

一些成功的驱动因素虽然是中国特有的，却使中国的创新者在海外获得了优势。首先，许多中国企业拥有强大的本土基础，庞大的国内市场能够保护它们免于彻底失败，使其能够负担起在国外市场初次尝试和学习的成本。其次，一般来说，中国企业在资金方面并不吃紧，并且愿意花钱开拓新市场。拓展海外市场往往能提升它们的国内声誉，而不仅仅是带来海外市场的收入。再次，政府对创新（如"中国制造 2025"和《国家中长期科学和技术发展规划纲要（2006—2020 年）》）和国际化（如"走出去"战略和"一带一路"倡议）的支持和促进。最后，除了走出国门能够影响国内声誉外，激烈的国内竞争也迫使中国企业"走出去"。对于先锋企业和隐形冠军而言，国际市场一直是它们扩张的必需品，但我们也看到，如今黑马企业和创变者也有开拓海外市场的趋势。

在第六章和本章前面所阐述的六种创新方式中，有三种似乎不难在国外复制。"修补"作为一种试错和快速更新的方法，在国外并不罕见。硅谷在很大程度上也是立足于这种创新方式上。精益创业（lean startup）、手段导向理论（effectuation）和敏捷开发（agile development），这些流行概念也都被欧美市场接受。从中低端起步、对技术快速升级，这在国外也不难实施，尤其是中国企业在某些情况下还可以得到政府的研发支持，并利用其在技术人才和劳动力成本方面的"中国优势"。快速决策也可以在国外复制，因为这主要是一个内部过程。

然而，另外三种创新方式在国外很难复制。尽管在新兴市场中，采取以客户为驱动的创新方式可能有助于中国企业迅速占领初始市场份额，并被大众接受，但这不会是一个长期、可持续的优势。大多数海外市场的规模太小，过度的定制化或者进入多个小众利基市场非常困难，因此坚持这种做法的成本可能太高。此外，群聚思维在中国之外也不太可能成功。国外创业者和企业的数量太少，当地的竞争者，尤其是发达经济体的竞争者，主要在差异化方面进行竞争，而不是集体追求相似的机会。可以举一个与定位服务相关的例子，如在比利时、德国和荷兰，Thuisbezorgd 是市场上的主要外卖送餐平台，而它只有几个竞争对手，这在中国是不可能的。最后，一般情况下，无边界思维在世界任何地方都行得通，但中国企业过于灵活的快速联动，对外国合作伙伴来说是一个挑战。特别是发达经济体已经建立了完善的本土网络，新的参与者要成为这种网络和生态的一部分并不容易，更不用说牵头引领了。

大型新兴经济体和发达经济体的主要区别在于规模和速度。[3] 在庞大的国内市场基础和发展速度方面，印度与中国有相似之处。只是印度的创新者面临着更严峻的资源和技术限制，印度消费者的消费能力也更加有限。中国公司的创新方法可能对印度企业同样适用，特别是在资源有限的情况下，比起打造完美产品，修补性的解决方案可能会更好。此外，在印度资源和消费能力有限的情况下，无边界思维模式可以让印度企业和消费者调动外部资源，共同打造创新产品和创新服务。此外，考虑到在印度的跨国公司的大量存在、溢出效应以及联合研发的可能性，无边界思维模式应该也是有价值的。持续技术升级和提高决策速度（见第六章）的方法也可能适用于印度的现实情况。最后，印度经常被认为是"节约型创新"的发源地。这种创新方法在许多方面可以转化为高度以客户为驱动的创新方式，以满足广大消费者的需求，他们在过去没有多元化的产品和服务可选择。

在不同的市场中，中国创新企业将会面对不同的客户和竞争对手，因此不太可能采用完全相同的方式。问题在于，中国企业是否能够调整自己的方法，或者说它们是否能够通过不同的创新方式来获取竞争优势。这就像在中国一样，跨国公司的优势不是本土化和中国化，而是外国化和差异化。在质量、技术和国际声誉方面的竞争，仍然使跨国公司在中国市场具有明显优势。因此，如果中国企业在海外采取与当地企业不同的创新和业务发展方式，或许能打造自己的竞争优势。事实上，中国创新企业在不确定性和动态环境中蓬勃发展的能力，更可能是一个关键优势，它们出色的学习能力（见第六章）使得中国的创新者更像是一条变色龙。

中国创新企业面临哪些挑战

学术界和各种书籍广泛讨论了中国创新面临的挑战。[4]除了保护知识产权的挑战（见第一章）外，创新的一个最大风险是失败。创新失败的案例有很多，在中国并不罕见。我们的采访表明，中国企业家具有很强的风险意识。全球创业监测报告的结果也显示，中国创业者对失败的担忧高于全球和亚洲地区平均水平。[5] 考虑到中国的高度变动性和不确定性，这并不令人惊讶。在某种程度上，中国创新企业通过修补、无边界思维和快速决策等创新方法降低了这些风险。前两种方法侧重于创新过程，第三种方法则更加关注基于历史创新成败进行迭代的决策过程。我们的采访表明，企业家作为快速决策者，他们的决策原则是可承受的预期损失，而不是预期收益。

我们将重点讨论表 8.4 中所列的创新企业在公司运营问题上面临的挑战。本书讨论的四类中国创新企业所面临的挑战各不相同，更深入地了解这些创新企业所面临的挑战，将有助于我们评估其发展的可持续性。

表 8.4　中国创新企业面临的挑战

先锋企业	人才培养 海外竞争 提升基础科技实力 继任者问题
隐形冠军	技术颠覆 新兴市场的新参与者 有限的创新压力 利基市场创新
黑马企业	利基技术的商业化 过于低调 孤注一掷 有限的市场认可度
创变者	创造可持续的竞争优势 横向多元化发展 内部管理体系 资本过剩 监管规定难以预测

资料来源：作者的研究。

首先，人才培养是先锋企业面临的一大挑战，尤其是在全球范围内发掘人才。我们可以看到，阿里巴巴成立了全球领导力学院，海尔打造了"360 全球人才引擎"，这些说明先锋企业在努力培养和吸引全球人才。其次，在国外市场的竞争必须遵守当地法规，不能低估监管带来的挑战。再次，我们可以清楚地看到，提升基础科技实力也是一个重要挑战，这主要是因为在先锋企业成长壮大的过程中，占领市场比发展技术能力更重要，然而它们如今正受到创变者——数字化颠覆者的挑战。最后，大多数先锋企业仍然由第一代创始人掌控，继任者问题不容忽视。自 2013 年起，马云已辞去阿里巴巴首席执行官一职，但直到今天，他仍然是阿里巴巴的智囊；华为的任正非依旧是轮值首席执行官背后真正的老板，他对现任首席执行官的任何决定均拥有否决权；百度的李彦宏因一直不愿放弃首席执行官职位而被人诟病。

隐形冠军面临的最大挑战首先是技术颠覆，特别是因为中国这些隐形冠军大多不像德国隐形冠军那样在高端技术领域展开竞争。其次，来自印度和东南亚等其他新兴经济体的企业，可能会复制中国企业的发展模式（并在技术上取得颠覆性进展）。再次，成为行业领导者可能会让它们缺少压力，变得傲慢。最后，它们需要在利基市场中不断创新。例如，当涉足家庭安全解决方案、物流机器人和工业无人机等新业务时，海康威视的市场关注度大大提高，但也失去了因"隐形"而带来的优势。

找到适合的商业模式将创新成果商业化，是黑马企业面临的一大挑战。鉴于它们的公众接受度有限，企业创始人行事又比较低调，如何吸引资本与人才、提高市场认可度便成了关键挑战。此外，黑马企业很难调整业务方向，因为它们大多是孤注一掷的。对于黑马企业来说，重点在于市场能否接受其技术。然而，由于群聚思维的缘故，黑马企业拥有太多竞争对手，很难在市场上脱颖而出。

　　创造可持续的竞争优势是创变者面临的一大挑战。增长和速度不是问题，创变者擅长颠覆市场，但何时能将其业务变现则是个问题。在中国，我们已经看到很多赢家通吃的竞争，例如滴滴打车和快的打车、摩拜和 ofo 小黄车。另一个挑战是如何在赢得竞争后进行多元化发展。许多创变者处于狭窄的垂直行业，例如送餐、面向年轻女性的社交电子商务、打车和共享单车。从长远来看，多元化是不可避免的。再次，对于成长迅速的公司而言，如何建立成熟的内部管理体系是个突出问题。例如，ofo 小黄车因被披露其内部资金混乱而遭受损失，国际知名创变者优步也经历了类似的问题，其创始人特拉维斯·卡兰尼克不得不于 2017 年 6 月辞职以应对内部管理失序。然后，创变者有时可能会吸引过多的资本，这会促使它们犯更多的错误，导致其失去紧迫感，而这些优良品质对于创业公司来说弥足珍贵。最后，它们需要知道如何应对监管变化，并按要求进行整改。创变者正在颠覆传统行业，如公共交通、银行和医疗保健。这些传统行业中有许多是由国家严格监管或控制的，政府对如何监管会不断产生新想法，而这种想法往往无法预测。例如，2016 年出租车市场的一项监管改革要求，只能对那些拥有本地户籍的出租车司机提供应用服务。一夜之间，相关企业的员工数量减少了一半以上。

跨国公司该如何应对中国创新企业

　　中国创新企业形式多样，具有独特的优势，同时也面临着各种挑战。它们在不确定性中蓬勃发展，从中长期来看，其成功似乎能够复制到海外。这就引出了一个问题，即当前领先的跨国公司应如何应对这些来自中国的创新企业，尤其是那些难以发现和评估的隐形冠军、黑马企业和创变者。基于我们的研究，以及与跨国企业高级管理人员的多次交流，我们提炼出了六条可供跨国公司借鉴的经验。

挑战预设：跨国公司应该以中国创新企业的做法为标杆，重新衡量和思考自己的创新实践。中国创新企业采取的六种创新方式均有别于跨国公司的传统做法。至少在探索哪种创新方式最适合中国市场的问题上，中国创新企业的做法可以成为跨国公司的灵感源泉。此外，这也是一个跨国公司挑战自身关于创新方法预设的机会。

认识对手：我们的研究表明，中国创新企业远不止我们熟知的冰山一角。目前在特定行业内曝光度高的竞争对手很容易识别，然而我们的研究给出了明确的警示——跨国公司应该意识到那些低调的对手，如黑马企业，它们可能在未来 10 年内崛起，成为隐形冠军；也要意识到那些行业外的潜在竞争者（例如创变者和数字先锋企业），它们正在利用跨国公司的盲点进行颠覆性创新。电动工具公司东成和宝时得已经将前一种情况变成了现实，它们在 20 年前显然处于劣势，但如今在中国的市场份额已经超过了博世电动工具，并且宝时得电动工具还在美国占据了不小的市场份额；后一种情况以百度的智能筷子百度筷搜为例，这显然是飞利浦感兴趣的一款健康科技产品，但它恰恰产生于一个意想不到的角落。

广撒网：传统的战略管理和组织理论解释了战略聚焦的优势，这种优势在成熟企业中体现得尤为显著。但中国创新者提醒我们，"广撒网"的做法可能同样可行，尤其是这种策略与超越传统公司边界的组织模式相结合时。实际上，企业组织方式越接近商业生态系统，越能更好地应对新的机遇和突发挑战。这里要强调三个重要条件：一是要以高度的本地自治替代"一切决策到总部"的做法；二是要以灵活的策略克服线性因果思维的陷阱；三是要以组织的开放性克服"严守公司边界"的思维定式。像博世这样的大型跨国企业，在全球拥有超过30万名员工，在中国拥有6万名员工，已经逐渐与本地的生态建立联系。博世最近对北京一家物联网科技企业的投资就是一个很好的例子。博世与中国风投公司青云创投，共同给2013年成立的物联网科技公司——升哲科技投资了1 500万美元。同样，全球精细化工巨头帝斯曼开始多元化经营，它先是与苏州一家2011年才成立的中国光伏背板公司合作，随后收购了这家黑马企业。我们注意到，越来越多的跨国公司在中国建立了商业生态系统，并开展开放式创新活动。例如，医疗巨头辉瑞（Pfizer）与平安保险、腾讯建立了合作关系，为其在医疗保健领域与本土企业开展竞争打下基础。

拥抱数字化：大多数中国创新企业都提醒了我们一点，那就是将业务流程、公司战略和思维方式数字化。中国创新企业和中国市场在很多领域都迅速采用了全新的数字技术。从移动支付、医疗保健到基于大数据的人才分析，中国已经开始拥抱数字化生活。数字化已日益成为跨国公司在中国生存的必备条件，世界其他地区也开始在数字化浪潮中追赶中国。因此，中国企业在思维方式和组织方式的数字化方面，具有显著优势。无论从事何种业务，跨国公司必须加大投资尽快使其业务实现数字化。例如，辉瑞公司已开始意识到，虽然其所处的医药行业并非互联网技术行业，实现数字化也十分重要。在其2015年12月举办的中国医疗行业合作伙伴活动中，辉瑞吸引了377名参与者，其中大约一半是互联网医疗保健公司。通过这种本地竞赛，它发掘了很多数字医疗初创公司（例如掌上糖医）。其全球竞争对手之一赛诺菲公司，推出了"赛诺菲探索"（Sanofi Discovery）这项创新计划。该计划旨在开发新的服务（尤其是数字服务），以助力其产品实现增值。此外，赛诺菲公司已将员工是否精通数字技术列为绩效考核系统的重要指标。

巩固本国市场：目前没有证据能够证明中国创新企业会在国外市场失败（见第七章和第八章）。因此，即使一些跨国公司不在中国经营，或者不是很依赖中国市场，也不代表它们不会在海外遭遇中国的创新企业。即使一家公司植根当地市场，拥有长时间积累起来的丰富经验和专业知识，但如果它忽视竞争威胁，这将是最大的错误。因此，跨国公司需要了解中国创新企业的运作方式和创新方式，然后通过持续获取人才和知识，了解本国市场不断变化的客户需求，实现业务数字化，并巩固其在本国市场中的竞争地位，为应对中国创新企业的竞争做好准备。例如考虑到一些国家和地区（包括西欧）的在线支付发展程度远远落后于中国，这对跨国公司来说可能会是一个严重威胁。利基市场的创新者，比如隐形冠军和黑马企业，并不容易被关注，可能会悄无声息地占领市场。例如，在俄罗斯以及法国、荷兰和西班牙等西欧国家，易保占据了保险应用软件市场的很大份额。一些其他的案例也表明中国企业能创造新的市场并颠覆原有市场。比如，2006 年，汪滔在大学宿舍里创立了大疆，该公司专注于消费级无人机市场，目前已经占据了全球市场份额的 70%。最后，还有一些新生代企业，它们自成立起就致力于全球化路线。比如，创立于 2014 年的云麦科技，在国际市场上推出了智能体脂秤，并在韩国等国家崭露头角。其创始人汪洋只有 20 多岁，但他的思维非常国际化，不受地域限制。

守住 DNA：前五点建议主要是告诉跨国公司在新形势下如何在组

织和业务开展方面进行调整。此外，还有一个重要的经验是，跨国公司千万不能放弃自己的核心竞争力，要守住自己的 DNA。这意味着，要充分利用自身条件，发挥出在强大执行能力、全球知识产权和人才库、跨国运营经验等方面的优势。跨国公司越了解中国创新企业面临的具体挑战，就越能更好地采取措施参与竞争。归根结底，跨国公司应该用自己的优势进行竞争，而不是过度本土化。它们绝不可能仅仅通过本土化在竞争中笑到最后。

中国的创新是否可持续

中国创新的可持续性取决于创新生态系统的条件、创业活动，以及中国创新能力的相对独立性。[6] 首先，中国的创新需求和创新能力是很强的（见第一章）。尽管中国创新者面临着诸多挑战，但总体来看，大环境是促进并支持创新的。然而，本书的重点并不在于评估中国创新条件的必要性和充分性（其他很多关于中国创新的专著都对此做了重点讨论，为深入了解上述问题，我们也参考了这些专著），我们要做的是从自下而上的角度——创业者和企业家的视角，来探讨中国创新的可持续性问题。

其次，我们从创业者和企业家的视角考察了中国创新的可持续性。丰富的证据和案例表明，中国创新企业的绝对数量之多，为创新可持续性提供了坚实基础。无论是大众市场中拥有创新产品的制造商，还是利基市场中受科技驱动的工业创新者，抑或是以消费者为中心的颠覆性服务企业，中国创新者的冰山都异常庞大。我们的实证研究表明，中国创新企业采用的创新方式极具独特性，与硅谷的方式并不相同。这表明，中国创新企业已经在本国的政治经济框架中，找到了一种成功创新创业的方法。尽管中国在创新领域存在诸多不足和局限，但企业家们已经找到了有效的创新途径。能够在不确定性环境中茁壮成长的中国式创新，可能会成为中国创新企业的全球竞争优势。

再次，从中国创新企业与西方跨国公司之间的主动学习和知识溢出角度来看，我们可以就中国创新能力的独立性得出几点结论。很明显，中国创新企业具有远大的国际抱负，它们已经构建了全球创新网络并开始在海外进行投资。如表 8.5 所示，国际合作为中国创新企业提供了技术补充。

表 8.5 中国创新企业与国际合作伙伴的合作案例

案例	创新企业类型	国际合作伙伴	合作类型	合作成果
三一集团	先锋企业	普茨迈斯特	收购	技术补充
联想	先锋企业	日本电气公司易安信	合资	合作创新
金风科技	隐形冠军	Vensys	研发伙伴	联合研发
海康威视	隐形冠军	Secure Holdings Limited	收购	技术补充
惟华光能	黑马企业	默克	合作伙伴	联合研发
码隆科技	黑马企业	微软	创投加速器	获得技术资源
摩拜	创变者	陶氏杜邦	研发伙伴	新材料开发

资料来源：作者的研究。

我们的实证研究表明，主动学习和知识溢出所起的作用大多具有互补性。与人们普遍的看法相反，我们的研究还表明，西方跨国公司对中国创新企业的知识溢出是有限的。在 20 世纪 90 年代，强制向合资伙伴转让技术的做法很普遍，但这一策略并不成功，因此现在很大程度上被放弃了。例如，即使在汽车工业中实行了强制技术转让政策，中国在很大程度上还是错过了传统汽车发展机遇。换句话说，这种技术转让对中国企业没有多大帮助。今天，中国的创新企业有潜力直接迈入下一代汽车制造，就像它们跨越到绿色技术领域（如太阳能光伏产业）时所发生的那样。政府不再通过强制技术转让来支持新能源汽车的发展，而是通过支持本地企业和研究机构、建立国际合作来实现这一目标。从我们对汽车行业高管的采访可以看出，他们已经意识到了中国在智能网联汽车、无人驾驶汽车和电动汽车等领域的强大技术实力。阿斯顿·马丁、福特和大众汽车等公司就一直在与百度、出门问问等领先的中国科技企业就下一代汽车的研发探索展开合作。[7]

最后，隐形冠军和创变者进行了许多海外收购。创变者的主要目的是打入市场并建立品牌声誉。在数字技术（这是中国的优势之一）的驱动下，它们不需要利用外国技术。而先锋企业和隐形冠军进行海外收购既是为了占领市场，也是为了获得技术，比如三一集团和联想集团通过在海外的投资收购，获取了对其自身有益的技术补充。当然，前提是三一集团和联想有足够强大的研发能力和技术，否则即便收购完成，也是无法吸收海外技术以实现互补的。

总之，回到关于中国创新模仿论的讨论中（见第一章），我们的实证研究表明，中国创新企业强大的自主创新能力，是自主发展、相对独立、可持续且具有全球竞争力的。

中国如何改变全球创新的竞技场

中国创新企业越来越深入地参与全球创新是可预见的一种趋势。在第七章中，我们概述了中国创新企业走向全球的五种途径：建立全球数字生态系统、建立全球创新网络、设立海外创新基地、设立技术前哨站和输出颠覆性商业模式。先锋企业和隐形冠军目前是全球市场参与者，并日益融入全球创新舞台。然而黑马企业和创变者可能是中国融入全球创新的未来生力军，黑马企业可能成为未来产业创新和技术的供应者，而创变者可能会给国际市场带来颠覆性的商业模式。[8]

叶恩华和沙梅恩（Shameen Prashantham）在《新兴市场的创新》中详细论述了中国创新者在全球价值链中的崛起。[9]作者分析了本土企业如何从当地的组装厂商发展为零部件制造商，并在某些情况下转型为增值创新者和跨国公司的合作伙伴。正如本书所示，它们中的许多公司已经成为创新型跨国公司，这对全球产业链影响巨大，因为创新的中心正从发达经济体向新兴经济体转移。此外，黑马企业和创变者都是具有全球雄心的创业先驱者，它们一开始就不是简单组装或制造零部件，而是在全球产业链中寻求稳固地位的增值创新者。此外，中国初创企业的大量涌现正在对全球产业链结构产生重要影响，这也使跨国公司不得不加紧创新的步伐。

随着数字化创新对全球企业的重要性日益增加，中国可能已经在领导全球数字化创新中占得先机。先锋企业正在调整组织方式，以拥抱数字技术和平台商业模式，创变者的商业模式本身就是数字技术驱动的，黑马企业则正在研发人工智能和大数据等核心数字技术。我们看到，越来越多的中国数字公司在欧洲进行投资、扩展服务。[10]此外，中国政府有明确的雄心，要将中国的数字化创新业务拓展到海外。例如，在"一带一路"倡议的背景下，2015年3月发布的白皮书呼吁发展数字贸易、扩大通信网络，以建设数字丝绸之路。[11]这些正在顺利实施，如华为最近向澳大利亚和阿富汗交付了光缆，中国三大互联网公司 BAT 也提供了数字服务。阿里巴巴宣布与马来西亚政府合作建立全球首个"数字自由贸易区",以减少电子商务领域的贸易壁垒,这是数字时代中的"世界贸易组织"的一个范例。

总而言之,大量不为人知的创新创业企业、政府的全球雄心和大力支持以及独特的创新方法均足以证明,中国创新者将改变全球创新的竞技场。我们的研究表明,外国政府、企业和学术界需要做好准备,全球创新舞台正在向东转移。

注　释

第一章　引言：中国的新兴创新企业

1. Peter J. Williamson and Eden Yin, "Accelerated Innovation: The New Challenge from China," *MIT Sloan Management Review* 55, no. 4 （Summer 2014）: 27–34.

2. Arie Y. Lewin, Martin Kenney, and Johann P. Murmann, *China's Innovation Challenge: Overcoming the Middle-Income Trap* （Cambridge, UK: Cambridge University Press, 2016）; Yu Zhou, William Lazonick, and Yifei Sun, *China as an Innovation Nation* （Oxford: Oxford University Press, 2016）; Xiaolan Fu, *China's Path to Innovation* （Cambridge, UK: Cambridge University Press, 2015）.

3. Georges Haour and Max von Zedtwitz, *Created in China: How China Is Becoming a Global Innovator* （London: Bloomsbury, 2016）.

4. Douglas Fuller, *Paper Tigers, Hidden Dragons* （Oxford: Oxford University Press, 2016）; Dan Breznitz and Michael Murphree, *Run of the Red Queen: Government, Innovation, Globalization, and Economic Growth in China* （New Haven: Yale University Press, 2011）.

5. George S. Yip and Bruce McKern, *China's Next Strategic Advantage: From Imitation to Innovation* （Cambridge, MA: MIT Press, 2016）; Ming Zeng and Peter J. Williamson, *Dragons at Your Door: How Chinese Cost Innovation Is Disrupting Global Competition* （Boston: Harvard Business School Press, 2007）.

6. Shaun Rein, *The End of Copycat China: The Rise of Creativity, Innovation, and Individualism in Asia* （New York: Wiley, 2014）; Yinglan Tan, *Chinnovation: How Chinese Innovators Are Changing the World* （Singapore: Wiley, 2011）.

7. Mark J. Greeven and Wei Wei, *Business Ecosystems in China: Alibaba and Competing Baidu, Tencent, Xiaomi, and LeEco* （Abingdon, UK: Routledge, 2018）.

8. 感谢一位匿名的麻省理工学院出版社评论员建议我们增加这一部分。

9. Regina M. Abrami, William C. Kirby, and F. Warren McFarlan, "Why China Can't Innovate," *Harvard Business Review* 92, no. 3 （March 2014）: 107–111.

10. Yip and McKern, *China's Next Strategic Advantage.*

11. Williamson and Yin, "Accelerated Innovation."

12. "China Mobile Technology Innovation Beats Silicon Valley," *New York Times*, August 3, 2016, http://www.nytimes.com/2016/08/03/technology/china-mobile-tech-innovation-silicon-valley.html; "WeChat's World," *The Economist*, August 6, 2016, 10; "China's Tech Trailblazers," *The Economist*, August 6,

2016, 10.

13. Mark J. Greeven, "New Wave of Digital Entrepreneurs Rises in China," *Nikkei Asian Review*, June 5–11, 2017, 60.

14. Global Entrepreneurship Monitor, "Economy Profiles: China," Global Entrepreneurship Research Association, London, 2017, http://www.gemconsortium.org/country-profile/51.

15. "Doing Business in China," World Bank, 2017, http://www.doingbusiness.org/data/exploreeconomies/china.

16. 基于作者对中国国家统计局发布数据的计算，《中国统计年鉴2017》，http://www.stats.gov.cn/tjsj/ndsj/2017/indexeh.htm。

17. 中国国家统计局，《中国统计年鉴2017》。

18. Jiaofeng Pan, "China's S&T Strategic Options"（presentation, Oxford Sino-UK Innovation and Development Forum, November 10, 2016）.

19. Center for Strategic and International Studies, "Made in China 2025," last modified June 1, 2015, https://www.csis.org/analysis/made-china-2025.

20. David Beier and George Baeder, "China Set to Accelerate Life Science Innovation," *Forbes*, July 6, 2017, https://www.forbes.com/sites/realspin/2017/07/06/china-set-to-accelerate-life-science-innovation/#2a9f28b4e73b.

21. Global Entrepreneurship Monitor, "Economy Profiles: China."

22. Haour and von Zedtwitz, *Created in China*, 45.

23. Fuller, *Paper Tigers, Hidden Dragons*.

24. Andrew Tylecote, "Twin Innovation Systems, Intermediate Technology and Economic Development: History and Prospect for China," *Innovation 8*, no. 1–2（2006）: 62–83.

25. Organisation for Economic Co-operation and Development, "Main Science and Technology Indicators," last modified March 2018, http://www.oecd.org/sti/msti.htm.

26. 感谢一位匿名的麻省理工学院出版社评论员建议我们增加这一部分。

27. Matthew Bey, "In China, Innovation Cuts Both Ways," Forbes, October 24, 2017, https://www.forbes.com/sites/stratfor/2017/10/24/in-china-innovation-cuts-both-ways/#4ec21b8d79e8.

28. 关于中国政府和中国共产党在民营经济中所扮演角色的深入讨论，可参见 Lewin, Kenney, and Murmann, *China's Innovation Challenge*, and Fuller, *Paper Tigers, Hidden Dragons*。

29. Steven Veldhoen, Bill Peng, Anna Mansson, George Yip, and Jian Han, "China's Innovation's Going Global: 2014 China Innovation Survey," Strategy & and China Europe International Business School Center on China Innovation, 2014.

30. Menita Cheng Liu and Can Huang, "Transforming China's IP System to Stimulate Innovation," in *China's Innovation Challenge*, ed. Arie Y. Lewin, Martin Kenney, and Johann P. Murmann, 152–188 （Cambridge, UK: Cambridge University Press, 2016）.

31. 若想深入了解中国的知识产权管理，可参见 Oliver Gassmann, Angela Beckenbauer, and Sascha Friesike, *Profiting from Innovation in China* （Berlin: Springer, 2012）; Andrew C. Mertha, *The Politics of Piracy: Intellectual Property in Contemporary China* （Ithaca, NY: Cornell University Press, 2007）; Yip and McKern, *China's Next Strategic Advantage*。

32. Global Entrepreneurship Monitor, "Economy Profiles: China."

33. 基于作者与专家们的研讨，以及 CCTV 相关新闻报道。

34. 中国创新创业大赛委员会 . 中国创新创业大赛 [EB/OL]. [2018–05–01]. http://www.cxcyds.com.

35. Fuller, *Paper Tigers, Hidden Dragons*.

36. Global Entrepreneurship Monitor, "Economy Profiles: China."

37. "Comparison of Private Equity Fund Data between China and the US" （in Chinese）, *PEStreet*, December 1, 2015, http://www.pestreet.cn/article/2015000000058943.html.

38. Yip and McKern, *China's Next Strategic Advantage*, 8.

39. Greeven and Wei, *Business Ecosystems in China*, 8.

第二章　先锋企业：来自东方的巨人

1. 基于作者的评价以及波士顿咨询集团、中欧国际工商学院、《快公司》、《福布斯》、《麻省理工科技评论》、思略特等所发布的各类最具创新性企业排行榜。

2. "China Mobile Technology Innovation Beats Silicon Valley," *New York Times*, August 3, 2016, http://www.nytimes.com/2016/08/03/technology/china-mobile-tech-innovation-silicon-valley.html; "China's Tech Trailblazers," *The Economist*, August 6, 2016, 10.

3. "Who's Afraid of Huawei?," *The Economist*, August 4, 2012, http://www.economist.com/node/21559922.

4. Kathy Hu, "Good Signals: Huawei Pushes Further Forward," *CKGSB Magazine* 25, March 27, 2017, http://knowledge.ckgsb.edu.cn/2017/03/27/china-business-strategy/huawei-strategy-push-forward.

5. Geerten van de Kaa and Mark J. Greeven, "LED Standardization in China and South East Asia: Stakeholders, Infrastructure and Institutional Regimes," *Renewable and Sustainable Energy Reviews* 72（2017）: 863–870.

6. 下面这部分内容特别参考了注释 3、4、5 中资料的观点；采访是由本书第二作者同华为的一位经理完成的；公开的信息来自华为官网（https://www.huawei.com/cn/press-events/annual-report），以及《金融时报》、《财经》（中国）、《新浪》（中国）、百家号（中国）、凤凰网（中国）等新闻出版物中有关华为的内容；关于华为文化可参见 Tao Tian, David De Cremer, and Chunbo Wu, *Huawei: Leadership, Culture, and Connectivity*（Thousand Oaks, CA: Sage, 2017）.

7. "Zhang Ruimin," *Fortune*, accessed May 1, 2018, http://fortune.com/worlds-greatest-leaders/zhang-ruimin-24.

8. "HOPE-Open Innovation Platform," Haier, accessed May 1, 2018, http://hope.haier.com/?lang=en.

9. Geert Duysters, Jojo Jacob, Charmianne Lemmens, and Jintian Yu, "Internationalization and Technological Catching Up of Emerging Multinationals: A Comparative Case Study of China's Haier Group," *Industrial and Corporate Change* 18, no. 2（2009）: 325–349.

10. Bill Fisher, "Unlock Employee Innovation That Fits with Your Strategy," *Harvard Business Review*, October 27, 2014, https://hbr.org/2014/10/unlock-employee-innovation-that-fits-with-your-strategy.

11. George S. Yip and Bruce McKern, *China's Next Strategic Advantage: From Imitation to Innovation*（Cambridge, MA: MIT Press, 2016）, 51.

12. "Sany Gets Innovation Ranking from Forbes," *Construction Equipment*,

September 20, 2012, https://www.constructionequipment.com/sany-gets-innovation-ranking-forbes.

13. "Sany Named Innovative Company by *Fortune China*," *Construction Equipment*, August 28, 2012, https://www.constructionequipment. com/sany-named-innovative-company-fortune-china.

14. 三一王晓峰: 物联即服务　数据即价值　企业要做好物联网建设 [EB/OL].（2016–11–28）. http://info.cm.hc360.com/2016/11/281606646914.shtml.

15. "Lenovo to Buy Google's Motorola Mobility for \$2.91 Billion," *TechNode,* January 30, 2014, http://technode.com/2014/01/30/lenovo-to-buy-googles-motorola-mobility-for-2-91-billion.

16. "Lenovo Launches \$500M Start–up Fund Aimed at Robotics, AI, and Cloud Computing," *TechNode*, May 5, 2016, http://technode.com/2016/05/05/lenovo-launches-500m-start-up-fund-aimed-at-robotics-ai-cloud-computing.

17. "Lenovo Plans to Invest over \$1Bn in AI and IoT," *TechNode*, April 19,2017, http://technode.com/2017/04/19/lenovo-plans-to-invest-over-1bn-in-ai-and-iot.

18. IT桔子文飞翔: 创企只有1%走到上市,独角兽一半以上有BAT血统[EB/OL]. 猎云网，[2016–12–30]. http://www.lieyunwang.com/archives/159641.

19. "*Fast Company* Most Innovative Companies," *Fast Company,* accessed May 1, 2018, https://www.fastcompany.com/section/most-innovative-companies.

20. Mark J. Greeven, Shenyun Yang, Tao Yue, Eric van Heck, and Barbara Krug, "How Taobao Bested eBay in China," *Financial Times*, March 12, 2012, https://www.ft.com/content/52670084-6c2c-11e1-b00f-00144feab49a.

21. Mark J. Greeven and Wei Wei, *Business Ecosystems in China: Alibaba and Competing Baidu, Tencent, Xiaomi and LeEco*（Abingdon, UK: Routledge, 2018）.

22. Greeven and Wei, *Business Ecosystems in China*, 5.

23. Feng Wan, Peter J. Williamson, and Eden Yin, "Antecedents and Implications of Disruptive Innovation: Evidence from China," *Technovation* 39–40（May–June 2015）: 94–104.

24. Greeven and Wei, *Business Ecosystems in China*.

25. Greeven and Wei, *Business Ecosystems in China*.

第三章　隐形冠军：未知的全球市场领导者

1. 2016 中国制造隐形冠军榜单 [EB/OL]. 经理人，[2016–12–12]. http://www.sino–manager.com/?p=22140.

2. 冯仑 . 野蛮生长 [M]. 广州：广东人民出版社，2014.

3. David Barboza, "How a Chinese Billionaire Built Her Fortune," *New York Times*, August 2, 2015, https://www.nytimes.com/2015/08/02/business/international/how-zhou-qunfei-a-chinese-billionaire-built-her-fortune.html.

4. Hermann Simon, *Hidden Champions of the Twenty-First Century: Success Strategies of Unknown World Market Leaders*（Berlin: Springer, 2009）.

5. 中国国家统计局，《全国企业创新调查 2014》。

6. 同 1。

7. 张建伟 . 隐形冠军为什么：专注、务实与执著的终极商道 [M]. 北京：北京邮电大学出版社，2015.

8. Steven Veldhoen, Bill Peng, Anna Mansson, George Yip, and Jian Han, "China's Innovation Is Going Global: 2014 China Innovation Survey," Strategy& and China Europe International Business School Center on China

Innovation, 2014.

9. "UNCTAD FDI Data," UNCTAD, accessed July 1, 2017, http://unctadstat. unctad.org/wds/ReportFolders/reportFolders.aspx?sCS_referer=&sCS_Chosen Lang=en; "FDI Data MOFCOM," Ministry of Commerce, People's Republic of China, accessed May 1, 2018, http://english.mofcom.gov.cn/article/statistic/foreignin vestment/201301/20130100012618.shtml.

10. Veldhoen, Mansson, Peng, Yip, and Han, "China's Innovation Going Global."

11. Simon, *Hidden Champions of the Twenty-First Century*.

第四章 黑马企业：低调的科技企业

1. Arthur Yeung, Katherine Xin, Waldemar Pfoertsch, and Shengjun Liu, *The Globalization of Chinese Companies: Strategies for Conquering International Markets* （Singapore: Wiley, 2011）.

2. "China Sees Biggest Overseas Returning Wave in Recent Years," *China Daily*, February 24, 2017, http://europe.chinadaily.com.cn/china/2017-02/24/ content_28330296.htm.

3. Marina Peter, "From an Empa Laboratory to a Start-up in China," Swiss Federal Laboratories for Materials Science and Technology, September 23, 2011, https://www.empa.ch/web/s604/weihua-solar?inheritRedirect=true.

4. John Child and Susana Rodrigues, "The Internationalization of Chinese Firms: a Case for Theoretical Extension," *Management and Organization Review* 1, no. 3 （2005）: 381–410; Peter J. Buckley, Jeremy L. Clegg, Adam R. Cross, Xin Liu, Hinrich Voss, and Ping Zheng, "The Determinants of Chinese Outward

Foreign Direct Investment," *Journal of International Business Studies* 38, no. 4（July 2007）: 499–518.

5. Anat Keinan, Jill Avery, and Neeru Paharia, "Capitalizing on the Underdog Effect," *Harvard Business Review*（November 2010）, https://hbr.org/2010/11/capitalizing-on-the-underdog-effect.

6. 基于作者对中国国家统计局发布数据的计算，参见中国统计年鉴 2017[EB/OL]. [2018–02–01]. http://www.stats.gov.cn/tjsj/ndsj/2017/indexeh.htm。

7. 中国创新创业大赛委员会 . 中国创新创业大赛 [EB/OL]. [2018–05–01]. http://www.cxcyds.com.

8. 中国统计年鉴 2017。

9. "About Advanced Solar Power," Advanced Solar Power, accessed February 1, 2018, http://www.advsolarpower.com/en/index.php/about.

10. Ewen Callaway, "Second Chinese Team Reports Gene Editing in Human Embryos," *Nature*, April 8, 2016, http://www.nature.com/news/second-chinese-team-reports-gene-editing-in-human-embryos-1.19718?WT.mc_id=TWT_NatureNews.

11. "A Study to Assess CD19-Targeted Immunotherapy T Cells in Patients with Relapsed or Refractory CD19+ B Cell Leukemia," *ClinicalTrials*, accessed September 8, 2018, https://clinicaltrials.gov/ct2/show/NCT02672501.

12. Charlie Campbell, "The Innovator: Baidu's Robin Li Takes on the Titans of Silicon Valley," *Time,* January 29, 2018, 21–23.

13. "MIIT Layout China USD 200$ Billion New Material Industry," JEC Composites, accessed September 14, 2016, http://www.jeccomposites.com/knowledge/international-composites-news/miit-layout-china-usd-200-billion-

new-material-industry.

14. 自主创新全力推动绝热保温材料市场发展 [EB/OL]. 搜了网，[2015–05–20]. http://news.51sole.com/article/5753.html.

15. 在中国的度量体系中一亩约等于 0.066 公顷。

16. Emma Lee, "This ex-NASA Scientist Is Using Big Data to Raise Yields on China's Small Farmlands," *TechNode*, July 14, 2016, http://technode. com/2016/07/14/gago-agri-tech.

17. 中国国家统计局，《全国企业创新调查 2014》。

18. 优纳科技：使产品成本节省三分之一到十分之一 [EB/OL]. 新浪，[2014–09–04]. http://finance.sina.com.cn/hy/20140904/112120211867.shtml.

19. Gong Zhang, "Continuous Refreshing Data, Gago Wants to Enter the Trillion RMB Agriculture Market by Means of Big Data"（in Chinese）, Toutiao, August 7, 2016, http://www.toutiao.com/i6315993963849318913.

20. 中国红外热成像走向民用或在智能家居市场爆发 [EB/OL]. a&s 传媒，[2016–04–13]. http://www.asmag.com.cn/news/201604/86666.html.

21. 易能微电子颠覆传统数字电源芯片技术引领电源进入 2.0 时代 [EB/OL]. 与非网, [2016–09–24]. http://www.eefocus.com/analog–power/329911.

22. "Chinese Scientists Created 3D Bio-printed Organs," *TechNode*, August 8, 2013, http://technode.com/2013/08/08/chinese-scientists-developed-a3d-bio-printer-bringing-artificial-organs-into-scope.

第五章　创变者：新生代企业家

1. Youchi Kuo, "Three Great Forces Changing China's Consumer Market,"

World Economic Forum, January 4, 2016, https://www.weforum.org/agenda/2016/01/3-great-forces-changing-chinas-consumer-market.

2. Youchi Kuo, Jeff Walters, Hongbing Gao, Angela Wang, Veronique Yang, Jian Yang, Zhibin Lyu, and Hongjie Wan, "The New China Play Book: Young, Affluent, E-Savvy Consumers Will Fuel Growth," Boston Consulting Group, December 21, 2015, https://www.bcgperspectives.com/content/articles/globalization-growth-new-china-playbook-young-affluent-e-savvy-consumers.aspx.

3. "Internet Live Stats," Internet Live Stats, accessed February 1, 2018, http://www.internetlivestats.com.

4. 中国互联网络信息中心 . 互联网数据 [EB/OL]. [2018–02–01]. http://www.cnnic.net.cn.

5. Don Weinland and Sherry Fei Ju, "China's Ant Financial Shows Cashless Is King," *Financial Times*, April 4, 2018, https://www.ft.com/content/5033b53a-3eff-11e8-b9f9-de94fa33a81e.

6. "Mobike Accelerates European Expansion with Second Stop in Italy," *TechNode*, July 26, 2017, http://technode.com/2017/07/26/mobike-accelerates-european-expansion-with-second-stop-in-italy.

7. "Mobike Teams Up with China's Largest Thin-Film Solar Cell Manufacturer," *TechNode*, May 3, 2017, http://technode.com/2017/05/03/mobike-teams-up-with-chinas-largest-thin-film-solar-cell-manufacturer.

第六章　中国式创新

1. 每天新登记 1.5 万户企业 [EB/OL]. 金融界 , (2017–01–20). http://finance.jrj.

com.cn/2017/01/20102021992277.shtml.

2. Global Entrepreneurship Monitor, "Economy Profile: China," Global Entrepreneurship Research Association, 2017, http://www.gemconsortium.org/country-profile/51.

3. 中国创新创业大赛 [EB/OL]. 中国创新创业大赛委员会，[2018–05–01]. http://www.cxcyds.com.

4. Hugo van Driel and Mark J. Greeven, "Coping with Institutional Voids: Identity Shaping and Resource Tapping by Zhejiang Entrepreneurs in the Chinese Reform Era in a Historical Perspective," paper prepared for the European Business History Association conference, Uppsala University, Uppsala, Sweden, August 2013.

5. 盛世豪，郑燕伟. 竞争优势：浙江产业集群演变和发展研究 [M]. 杭州：浙江大学出版社，2009.

6. 浙江省统计局. 浙江统计年鉴 2014 [EB/OL]. [2018–02–01]. http://tjj.zj.gov.cn/tjsj/tjnj.

7. Jiang Wei, Minfei Zhou, Mark J. Greeven, and Hongyan Qu, "Governance Mechanisms, Dual Networks and Innovative Learning of Industrial Clusters: Multiple-Case Study in China," *Asia Pacific Journal of Management* 33, no. 4 （December 2016）: 1037–1074.

8. 第四届中国创新创业大赛新能源及节能环保行业总决赛推荐入围企业及团队名单公示 [EB/OL]. 东方财富，[2017–12–03]. http://cyds.shtic.com/wx/contest/topic/1049.html.

9. Mark J. Greeven, "New Wave of Digital Entrepreneurs Rises in China," *Nikkei Asian Review*, June 5–11, 2017, 60.

10. 工程机械行业大洗牌 110 多家挖掘机企业只剩 20 多家 [EB/OJ]. 中国经济周刊，[2017–06–20]. http://www.ceweekly.cn/2016/1121/171434. shtml.

11. 通威重金收购赛维 LDK 抄底光伏产业 [EB/OL]. 凤凰财经 , [2017–05–23]. http://finance.ifeng.com/a/20131123/11145610_0.shtml.

12. Karl E. Weick, *Making Sense of the Organization* （Hoboken, NJ: Wiley-Blackwell, 2001）.

13. Orit Gadiesh, Philip Leung, and Till Vestring, "The Battle for China's Good-Enough Market," *Harvard Business Review* 85 （September 2007）, https://hbr.org/2007/09/the-battle-for-chinas-good-enough-market.

14. Marcus M. Keupp, Angela Beckenbauer, and Oliver Gassmann, "How Managers Protect Intellectual Property Rights in China Using De Facto Strategies," *R&D Management* 39, no. 2 （March 2009）: 211-224.

15. Helen Perks, Kenneth Khan, and Cong Zhang, "An Empirical Evaluation of R&D-Marketing NPD Integration in Chinese Firms: The Guanxi Effect," *Journal of Product Innovation Management* 26, no. 6 （2009）: 640–651; Wai-sum Siu and Qiong Bao, "Network Strategies of Small Chinese High-Technology Firms: A Quantitative Study," *Journal of Product Innovation Management* 25, no. 1 （2007）: 79–102.

16. Mark J. Greeven, "Sources of Institutional Capability for Innovation in China's Catching Up Economy: An Explorative Study," *in Quality Innovation: Knowledge, Theory, and Practices*, ed. Chen Jin and Latif Al-hakim, 406–417 （Hersey, PA: IGI Global, 2014）.

17. Steven Veldhoen, Bill Peng, Anna Mansson, George Yip, and Jian Han, "China's Innovation Is Going Global: 2014 China Innovation Survey,"

Strategy& and China Europe International Business School Center on China Innovation, 2014.

第七章　走向世界的中国创新企业

1. Steven Veldhoen, Bill Peng, Anna Mansson, George Yip, and Jian Han, "China's Innovation Is Going Global: 2014 China Innovation Survey," Strategy& and China Europe International Business School Centre on China Innovation, 2014.

2. Piter de Jong, Mark J. Greeven, and Haico Ebbers, "Getting the Numbers Right on China's Actual Overseas Investment: The Case of the Netherlands," *Journal of Current Chinese Affairs* 46, no. 1（2017）: 187–209.

3. Alberto Di Minin, Jieyin Zhang, and Peter Gammeltoft, "Chinese Foreign Direct Investment in R&D in Europe: A New Model of R&D Internationalization?," *European Management Journal* 30, no. 3（2012）: 189–203.

4. Héctor Hernández, Fernando Hervás, Alexander Tübke, Antonio Vezzani, Mafini Dosso, Sara Amoroso, Nicola Grassano, Alexander Coad, and Petros Gkotsis, "2015 EU Industrial R&D Investment Scoreboard," Joint Research Centre–Institute for Prospective Technological Studies, European Commission, Luxembourg, 2015, http://iri.jrc.ec.europa.eu/scoreboard15.html.

5. Mark J. Greeven and Wei Wei, *Business Ecosystems in China: Alibaba and Competing Baidu, Tencent, Xiaomi, and LeEco*（Abingdon, UK: Routledge, 2018）.

6. 惨败中总结出来的华为"铁三角" [EB/OL]. 乔诺商学院, [2017.03.29]. http://www.geonol.com/news/shownews.php?lang=cn&id=59.

7. 起底华为与全球各大巨头的战略合作:10 年 36 个联合创新中心 [EB/OL]. C114 通信网，[2017–07–08]. http://www.c114.net/news/126/a974506.html.

8. Yong Hu, Yazhou Hao, and Des Dearlove, *Haier Purpose: The Real Story of China's First Global Super Company*（London: Infinite Ideas, 2017）.

9. Ye Wang, Donghui Teng, Cheng Huang, Jianguo Wang, and Xinming Wan, "Haier: Pioneering Innovation in the Digital World," *WIPO Magazine*, August 2015, http://www.wipo.int/wipo_magazine/en/2015/04/article_0006.html.

10. "Hikvision to Establish R&D Center in Montreal and Research Institute in Silicon Valley," *SDM Magazine*, accessed August 8, 2017, http://www.sdmmag.com/articles/93556-hikvision-to-establish-rd-center-in-montreal-and-research-institute-in-silicon-valley.

11. "孔明"运筹风云，远景智慧风场气象产品结盟十数家电力集团总部 [EB/OL]. 科 学 中 国, [2016–10–21]. http://science.china.com.cn/2016-10/21/content_9104330.htm.

12. 远景能源：超导风机与传统风机不在一个维度竞争 [EB/OL]. 南方能源观察, [2015–09–25].

13. 伊利股份的市场份额还是第一 但奶粉收入下降了 [EB/OL]. 新浪财经，[2017–03–31]. http://finance.sina.com.cn/stock/s/2017-03-31/doc-ifycwunr8323637.shtml.

14. 更多请参见 http://www.foodvalley.nl。

15. Marina Peter, "From an Empa Laboratory to a Start-Up in China," Swiss Federal Laboratories for Materials Science and Technology, September 23, 2011,

https://www.empa.ch/web/s604/weihua-solar?inheritRedirect=true.

16. Mark J. Greeven, Ona P. Akemu, Tom Hoorn, and Marcel Kleijn, "Chinese Investments Strengthen the Dutch Innovation Systems"（in Dutch）, Dutch Advisory Council for Science and Technology Policy, 2012.

17. 关于猎豹移动 [EB/OL]. 猎豹移动 , [2017-08-08]. http://www.cmcm.com/zh-cn/about.

18. 信息来源于 *TechNode* 的报道 , 参见 http://technode.com/2017/05/05/china-funding-daily-may-4th-and-5th-power-banks-wearable-devices-and-mobile-iot。

19. "The Life-or-Death Battle of Startups, Where Is the Next Right Thing for musical.ly," *Jiemian*, August 20, 2017, http://www.jiemian.com/article/1220817.html.

20. "Papaya Mobile Announces IPO on NEEQ for International Expansion," *TechNode*, May 24, 2016, http://technode.com/2016/05/24/papayamobile-announces-ipo-neeq-international-expansion.

第八章 从先锋企业到创变者的启示

1. Dan Breznitz and Michael Murphree, *Run of the Red Queen: Government, Innovation, Globalization, and Economic Growth in China* （New Haven: Yale University Press, 2011）.

2. 尽管硅谷的所有企业并非只遵循一种创新模式，以下几本书提供了富有见地的解释：Elton B. Sherwin Jr., *The Silicon Valley Way: Discover Forty-five Secrets for Successful Start-Ups*, 2nd ed. （Energy House Publishing, September 9, 2010）; AnnaLee Saxenian, *Regional Advantage: Culture and Competition*

in Silicon Valley and Route 128 （Cambridge, MA: Harvard University Press, 1996）; William Draper III, *The Startup Game: Inside the Partnership between Venture Capitalists and Entrepreneurs* （New York: St. Martin's Griffin, 2012）.

3. 感谢一位匿名的麻省理工学院出版社评论员建议我们增加这一部分。

4. For instance, Yu Zhou, William Lazonick, and Yifei Sun, *China as an Innovation Nation* （Oxford: Oxford University Press, 2016）.

5. Global Entrepreneurship Monitor, "Economy Profiles: China," Global Entrepreneurship Research Association, 2017, http://www.gemconsortium.org/country-profile/51.

6. 感谢一位匿名的麻省理工学院出版社评论员建议我们增加这一部分。

7. 关于与西方跨国企业竞争与合作所发挥的作用，以及成立国际合资企业所发挥的作用，可以参见以下精彩论述：George S. Yip and Bruce McKern, *China's Next Strategic Advantage: From Imitation to Innovation* （Cambridge, MA: MIT Press, 2016）; Ming Zeng and Peter J. Williamson, *Dragons at Your Door: How Chinese Cost Innovation Is Disrupting Global Competition* （Boston: Harvard Business School Press, 2007）; Sunny L. Sun and Ruby P. Lee, "Enhancing Innovation through International Joint Venture Portfolios: From the Emerging Firm Perspective," *Journal of International Marketing* 21, no. 3 （2013）: 1–21; Regina M. Abrami, William C. Kirby, and F. Warren McFarlan, "Why China Can't Innovate," *Harvard Business Review* 92, no. 3 （March 2014）: 107–111; George S. Yip and Shameen Prashantham, "Innovation in Emerging Markets," in *Oxford Handbook on Management in Emerging Markets*, ed. Karl Meyer and Rob Grosse （Oxford: Oxford University Press, 2018）。

8. 感谢一位匿名的麻省理工学院出版社评论员建议我们增加这一部分。

9. Yip and Prashantham, "Innovation in Emerging Markets."

10. Mark J. Greeven and Paolo Cervini, "Digital China Is Coming to Europe," *LSE Business Review*, April 24, 2018, http://blogs.lse.ac.uk/businessreview/2018/04/24/digital-china-is-coming-to-europe.

11. Mark J. Greeven, "Chinese Innovation and OBOR," in *Reflections on the Challenges of the One Belt One Road Initiative*, ed. David De Cremer, Xiang Zhang, and Bruce McKern（Thousand Oaks, CA: Sage, 2018）, chap. 13.

参考文献

Abrami, Regina M., William C. Kirby, and F. Warren McFarlan. "Why China Can't Innovate." *Harvard Business Review* 92 (3) (March 2014): 107–111.

Breznitz, Dan, and Michael Murphree. *Run of the Red Queen: Government, Innovation, Globalization, and Economic Growth in China*. New Haven: Yale University Press, 2011.

Buckley, Peter J., Jeremy L. Clegg, Adam R. Cross, Xin Liu, Hinrich Voss, and Ping Zheng. "The Determinants of Chinese Outward Foreign Direct Investment." *Journal of International Business Studies* 38 (4) (July 2007): 499–518.

Callaway, Ewen. "Second Chinese Team Reports Gene Editing in Human Embryos." *Nature* (April 2016). http://www.nature.com/news/second-chinese-team-reports-gene-editing-in-human-embryos-1.19718?WT.mc_id=TWT_NatureNews.

Child, John, and Susana Rodrigues. "The Internationalization of Chinese

Firms:A Case for Theoretical Extension." *Management and Organization Review* 1 (3) (2005): 381–410.

De Jong, Piter, Mark J. Greeven, and Haico Ebbers. "Getting the Numbers Right on China's Actual Overseas Investment: The Case of the Netherlands." *Journal of Current Chinese Affairs* 46 (1) (2017): 187–209.

Di Minin, Alberto, Jieyin Zhang, and Peter Gammeltoft. "Chinese Foreign Direct Investment in R & D in Europe: A New Model of R & D Internationalization? " *European Management Journal* 30 (3) (2012): 189–203.

Draper, I.I.I. William. *The Startup Game: Inside the Partnership between Venture Capitalists and Entrepreneurs*. New York: St. Martin's Griffin, 2012.

Duysters, Geert, Jojo Jacob, Charmianne Lemmens, and Jintian Yu. "Internationalization and Technological Catching Up of Emerging Multinationals: A Comparative Case Study of China's Haier Group." *Industrial and Corporate Change* 18 (2) (2009): 325–349.

Economist. "China's Tech Trailblazers." August 6, 2016, 10.

Economist. "WeChat's World." August 6, 2016, 10.

Economist. "Who's Afraid of Huawei?" August 4, 2012. http://www.economist.com/node/21559922.

冯仑 . 野蛮生长 [M]. 广州：广东人民出版社，2014.

Fisher, Bill. "Unlock Employee Innovation That Fits with Your Strategy." *Harvard Business Review* (October 2014). https://hbr.org/2014/10/unlock-employee-innovation-that-fits-with-your-strategy.

Fisher, Bill, Umberto Lago, and Fang Liu. *Reinventing Giants: How Chinese Global Competitor Haier Has Changed the Way Big Companies Transform*. San

Francisco: Jossey-Bass, 2013.

Fu, Xiaolan. *China's Path to Innovation.* Cambridge, UK: Cambridge University Press, 2015.

Fuller, Douglas. *Paper Tigers, Hidden Dragons.* Oxford: Oxford University Press, 2016.

Gadiesh, Orit, Philip Leung, and Till Vestring. "The Battle for China's Good-Enough Market." *Harvard Business Review* 85 (September 2007). https://hbr.org/2007/09/the-battle-for-chinas-good-enough-market.

Gassmann, Oliver, Angela Beckenbauer, and Sascha Friesike. *Profiting from Innovation in China.* Berlin: Springer, 2012.

Greeven, Mark J. Chinese Innovation and OBOR. *In Reflections on the Challenges of the One Belt One Road Initiative*, ed. David De Cremer, Xiang Zhang and Bruce McKern. Thousand Oaks, CA: Sage, 2018.

Greeven, Mark J. "New Wave of Digital Entrepreneurs Rises in China." *Nikkei Asian Review*, June 5–11, 2017, 60.

Greeven, Mark J. Sources of Institutional Capability for Innovation in China's Catching Up Economy: An Explorative Study. In *Quality Innovation: Knowledge, Theory, and Practices*, ed. Chen Jin and Latif Al-hakim. 406–417. Hersey, PA: IGI Global, 2014.

Greeven, Mark J., and Wei Wei. *Business Ecosystems in China: Alibaba and Competing Baidu, Tencent, Xiaomi, and LeEco.* Abingdon, UK: Routledge, 2018.

Greeven, Mark J., Shenyun Yang, Tao Yue, Eric van Heck, and Barbara Krug. "How Taobao Bested eBay in China." *Financial Times*, March 12, 2012. https://www.ft.com/content/52670084-6c2c-11e1-b00f-00144feab49a.

Haour, George, and Maximilian von Zedtwitz. *Created in China: How China Is Becoming a Global Innovator*. London: Bloomsbury, 2016.

Hu, Yong, Yazhou Hao, and Des Dearlove. *Haier Purpose: The Real Story of China's First Global Super Company*. London: Infinite Ideas, 2017.

Keinan, Anat, Jill Avery, and Neeru Paharia. "Capitalizing on the Underdog Effect." *Harvard Business Review* (November 2010). https://hbr.org/2010/11/capitalizing-on-the-underdog-effect.

Keupp, Marcus M., Angela Beckenbauer, and Oliver Gassmann. "How Managers Protect Intellectual Property Rights in China Using De Facto Strategies." *R & D Management* 39 (2) (March 2009): 211–224.

Lewin, Arie Y., Martin Kenney, and Johann P. Murmann. *China's Innovation Challenge: Overcoming the Middle-Income Trap. Cambridge*, UK: Cambridge University Press, 2016.

Liu, Menita Cheng, and Can Huang. Transforming China's IP System to Stimulate Innovation. In *China's Innovation Challenge*, ed. Arie Y. Lewin, Martin Kenney and Johann P. Murmann. 152–188. Cambridge, UK: Cambridge University Press, 2016.

Mertha, Andrew C. *The Politics of Piracy: Intellectual Property in Contemporary China*. Ithaca, NY: Cornell University Press, 2007.

Perks, Helen, Kenneth Khan, and Cong Zhang. "An Empirical Evaluation of R&D-Marketing NPD Integration in Chinese Firms: The Guanxi Effect." *Journal of Product Innovation Management* 26 (6) (2009): 640–651.

Rein, Shaun. *The End of Copycat China: The Rise of Creativity, Innovation, and Individualism in Asia*. New York: Wiley, 2014.

Saxenian, AnnaLee. *Regional Advantage: Culture and Competition in Silicon Valley and Route 128*. Cambridge, MA: Harvard University Press, 1996.

盛世豪，郑燕伟. 竞争优势：浙江产业集群演变和发展研究 [M]. 杭州：浙江大学出版社 2009.

Sherwin, Elton B. Jr. *The Silicon Valley Way: Discover Forty-five Secrets for Successful Start-Ups*. 2nd ed. Knoxville, TN: Energy House Publishing, 2010.

Simon, Hermann. *Hidden Champions of the Twenty-First Century: Success Strategies of Unknown World Market Leaders*. Berlin: Springer, 2009.

Siu, Wai-sum, and Qiong Bao. "Network Strategies of Small Chinese High-Technology Firms: A Quantitative Study." *Journal of Product Innovation Management* 25 (1) (2007): 79–102.

Sun, Sunny L., and Ruby P. Lee. "Enhancing Innovation through International Joint Venture Portfolios: From the Emerging Firm Perspective." *Journal of International Marketing* 21 (3) (2013): 1–21.

Tan, Yinglan. *Chinnovation: How Chinese Innovators Are Changing the World*. Singapore: Wiley, 2011.

Tian, Tao, David De Cremer, and Chunbo Wu. *Huawei: Leadership, Culture, and Connectivity*. Thousand Oaks, CA: Sage, 2017.

Tylecote, Andrew. "Twin Innovation Systems, Intermediate Technology and Economic Development: History and Prospect for China." *Innovation* 8 (1–2) (2006): 62–83.

Van de Kaa, Geerten, and Mark J. Greeven. "LED Standardization in China and South East Asia: Stakeholders, Infrastructure and Institutional Regimes." *Renewable & Sustainable Energy Reviews* 72 (2017): 863–870.

Wan, Feng, Peter J. Williamson, and Eden Yin. "Antecedents and Implications of Disruptive Innovation: Evidence from China." *Technovation* 39–40 (May–June 2015): 94–104.

Wei, Jiang, Minfei Zhou, Mark J. Greeven, and Hongyan Qu. "Governance Mechanisms, Dual Networks and Innovative Learning of Industrial Clusters: Multiple-Case Study in China." *Asia Pacific Journal of Management* 33 (4) (December 2016): 1037–1074.

Weick, Karl E. *Making Sense of the Organization*. Hoboken, NJ: Wiley-Blackwell, 2001.

Weinland, Don, and Sherry Fei Ju. "China's Ant Financial Shows Cashless Is King." *Financial Times*, April 4, 2018. https://www.ft.com/content/5033b53a-3eff-11e8-b9f9-de94fa33a81e.

Williamson, Peter J., and Eden Yin. "Accelerated Innovation: The New Challenge from China." *MIT Sloan Management Review* 55 (4) (Summer 2014): 27–34.

Yeung, Arthur, Katherine Xin, Waldemar Pfoertsch, and Shengjun Liu. *The Globalization of Chinese Companies: Strategies for Conquering International Markets*. Singapore: Wiley, 2011.

Yip, George S., and Bruce McKern. *China's Next Strategic Advantage: From Imitation to Innovation*. Cambridge, MA: MIT Press, 2016.

Yip, George S., and Shameen Prashantham. Innovation in Emerging Markets. In *Oxford Handbook on Management in Emerging Markets*, ed. Karl Meyer and Rob Grosse. Oxford: Oxford University Press, 2018.

Zeng, Ming, and Peter J. Williamson. *Dragons at Your Door*: *How Chinese Cost*

Innovation Is Disrupting Global Competition. Boston: Harvard Business School Press, 2007.

张建伟 . 隐形冠军为什么：专注、务实与执著的终极商道 [M]. 北京：北京邮电大学出版社，2015.

Zhou, Yu, William Lazonick, and Yifei Sun. *China as an Innovation Nation*. Oxford: Oxford University Press, 2016.

鸣　谢

浙江大学管理学院、浙江大学校友，以及许多中国的企业家对本书的写作给予了大力支持，马克·格瑞文对此表示感谢。中欧国际工商学院中国创新中心，以及其赞助企业（阿克苏诺贝尔、博世、帝斯曼、飞利浦和壳牌），对叶恩华此前开展的中国创新研究工作提供了鼎力支持，伦敦帝国理工大学商学院对叶恩华当前的研究给予了大力支持，在此对它们一并表示感谢。韦薇对清华大学校友，特别是很多企业家校友的支持，以及参与我们举办的高管研讨会的企业表示感谢，包括博世、帝斯曼、飞利浦、赛诺菲、范德兰德等公司。它们为我们的想法提供了批判性和反思性意见，并帮助我们从商业和专业角度深化了核心观点。

我们也要感谢埃米莉·泰伯（Emily Taber），她是麻省理工学院出版社经济、金融和商业领域的编辑，也是本书英文版的责任编辑，她为我们提供了很多见解和鼓励。我们感谢帮助改进此书的匿名评论家。我们也要感谢手稿编辑罗斯玛丽·温菲尔德（Rosemary Winfield）一丝不苟的工作。

译后记

当阿里巴巴将移动支付布局欧洲，华为把 5G 技术推向世界，我们开始意识到，中国创新已经不再是那个蹒跚学步的"孩子"了。一同迈出国门的，不仅有资金雄厚、声名远扬的大企业，还有那些不为人知但同样具有全球竞争力的中国创新者。尽管像谷歌、苹果、脸书这样的大型科技公司仍将是创新主力军，但中国涌现的新兴创新企业，必将为全球创新注入新的力量。本书所做的主要努力，正是对这些创新企业进行全面盘点和介绍。

本书的三位作者完全能够胜任这项浩大的"工程"。马克·格瑞文是瑞士洛桑国际管理发展学院创新与战略学教授，作为一名说着流利中文的荷兰学者，他对中国创新问题的追踪和研究已有 15 年之久。中欧国际工商学院战略学教授、中欧中国创新中心联席主任、帝国理工学院商学院市场营销和战略学教授叶恩华，同样是创新领域的专家，他在知名企业以及哈佛大学、加州大学洛杉矶分校、剑桥大学、伦敦商学院的任职经历，使其始终处在创新问题的研究前沿。韦薇是 GSL 创新咨询的联合创始人、创新咨询顾问。扎实的工科背景，央企、外企、投资和创业的多元化从业经历，使其对创新的认识更为深刻，视角更为全面。

　　作者将其对中国 200 余家企业的多年研究精华浓缩到了本书八个章节中。第一章为引言，在介绍全书结构的同时，作者深度剖析了孕育中国创新的生态系统。第二章至第五章，作者将中国创新企业分为四种类型：先锋企业（全球知名的大公司）、隐形冠军（在所属利基市场中处于领先地位的中型企业）、黑马企业（由技术驱动、拥有大量知识产权的企业）和创变者（以数字颠覆、指数级增长、跨行业创新为特征的新兴企业），并逐一梳理了这些创新者的特征、竞争策略和创新驱动要素。在此基础上，作者于第六章总结了中国创新企业的 6 种典型创新方式，在第七章分析了各类创新企业的全球化战略。第八章为总结，作者试图说明，中国创新走出了一条不同于亚洲"四小龙"的道路，面对强大的竞争对手，那些在位的跨国企业需要提高战略警惕，做好应对准备。

　　翻译工作由北京大学法学院教授强世功主持。在法意编译工作组进行招募后，最终确定由 7 名译者合作完成翻译工作、共同进行书稿校对：王加骥（第二章，以及全书的翻译统筹工作）、任希鹏（第三章）、徐梦瑶（第四章）、李月（第五章）、王显宁（第六章）、周元松（第七章）、赵高雅（第八章）。其中，第一章由王加骥、任希鹏、李月、王显宁、周元松合作翻译完成。

　　对中国的各类创新企业进行归纳、梳理，并从战略的视角重新审视中国创新，完成这项工作并不容易，几位作者难免在行文中有个别笔误。对于这些小瑕疵，译者均以"译者注"的形式进行了校订。此外，正如作者所说，本书主要是为商业读者准备的，因此对于部分学术类名词，译者也均以"译者注"的形式进行了释明。翻译此书对于所有译者而言，都是一个不断学习、自我提升的过程。我们力求将这本好书原汁原味地呈现给各位读者，但囿于译者的能力和水平，不同的语言间总有些意涵难以传递，书中的错误和不足在所难免。衷心希望广大读者在享受阅读的同时，能够予以批评指正。

"中国道路"丛书